GROTIUS LESEN | GROTIUS LEHREN

Porträt von Hugo Grotius (1583–1645), Kupferstich
(Privatbesitz, Foto: Martin Kühnel)

Jonas Liebing / Cindy Bellamy (Hg.)

GROTIUS LESEN | GROTIUS LEHREN

De Iure Belli ac Pacis und seine Rezeption in Halle

Katalog zur Ausstellung vom 9.10. bis 12.12.2025 im Interdisziplinären Zentrum zur Erforschung der Europäischen Aufklärung (IZEA)

mitteldeutscher verlag

Umschlagabbildung vorn:
Titelblatt von: Hugonis Grotii De Jure Belli ac Pacis Libri Tres, Jena/Rudolstadt: Fleischer, 1680 (ULB Halle: Sign.: AB 44 18/h, 9)

Umschlagabbildung hinten:
Briefmarke mit Porträt von Hugo Grotius und der ikonischen Bücherkiste, mit der ihm 1621 die Flucht aus der Haft gelang, Niederlande 1983, nach einem Entwurf von Walter Nikkels (Privatbesitz)

Bibliografische Information der Deutschen Nationalbibliothek
Die Deutsche Nationalbibliothek verzeichnet diese Publikation in der Deutschen Nationalbibliografie; detaillierte bibliografische Daten sind im Internet über http://dnb.dnb.de abrufbar.

1. Auflage

Bernburger Straße 2, 06108 Halle (Saale)
www.mitteldeutscherverlag.de, info@mitteldeutscherverlag.de

Gesamtherstellung: Mitteldeutscher Verlag, Halle (Saale)

ISBN 978-3-68948-086-8

Printed in the EU

Inhalt

Anhang

Vorwort

Die Ausstellung *Grotius lesen | Grotius lehren. De iure belli ac pacis und seine Rezeption in Halle* widmet sich der Rezeption von Hugo Grotius' juristischem Hauptwerk im akademischen, institutionellen und kulturellen Kontext der Stadt Halle, insbesondere an der 1694 gegründeten Friedrichs-Universität. Der Anlass für diese Ausstellung ist die internationale Tagung *Teaching Hugo Grotius. The Academic Reception of De iure belli ac pacis in the Seventeenth and Eighteenth Centuries*, die vom 9. bis 11. Oktober 2025 am Interdisziplinären Zentrum für die Erforschung der Europäischen Aufklärung (IZEA) der Martin-Luther-Universität Halle-Wittenberg stattfindet. Während die Tagung einen systematisch-vergleichenden Blick auf die akademische Rezeption von Grotius im 17. und 18. Jahrhundert wirft, nimmt die Ausstellung eine lokale Perspektive ein: Wie wurde Grotius in Halle gelesen, interpretiert, gelehrt und in unterschiedlichen wissenschaftlichen und gesellschaftlichen Kontexten weitergetragen?

Die hallesche Universität verstand sich von Beginn an als eine moderne Reformuniversität, die sich von den Traditionen der älteren Universitäten abgrenzen wollte (Abb. 1). Besonders der Einfluss von Christian Thomasius, der ab 1690 in Halle wirkte, prägte diesen Anspruch. In diesem Kontext gewann Grotius – neben Pufendorf – eine besondere Bedeutung.

Im Rahmen seiner DFG-geförderten Forschungen zum Naturrecht an der Universität Halle hat Martin Kühnel die grundlegenden Daten zur Präsenz von Hugo Grotius im akademischen Unterricht der Universität ermittelt und freundlicherweise noch vor ihrer Veröffentlichung zur Verfügung gestellt. Daraus ergibt sich das folgende Bild:

Im Zeitraum vom Sommersemester 1690 bis zum Wintersemester 1740/41 lassen sich an der Universität Halle insgesamt 475 naturrechtliche Veranstaltungen nachweisen. In 59 dieser Veranstaltungen diente Hugo Grotius, zumeist mit ausdrücklichem Bezug auf *De iure belli ac pacis,* als maßgebliche Grundlage. Damit steht Grotius in der

Statistik an zweiter Stelle hinter Samuel von Pufendorfs *De Officio Hominis et Civis libri duo*, die nicht zuletzt wegen ihres handhabbaren Lehrbuchcharakters während des genannten Zeitraums 176 Veranstaltungen zugrunde gelegt wurden. Um den Stellenwert von Grotius' *De iure belli ac pacis* ermessen zu können, ist die Auswertung der Vorlesungsverzeichnisse besonders aufschlussreich: Bereits im allerersten offiziellen Verzeichnis der Universität Halle vom Juli 1694 erscheinen gleich drei eigenständige Veranstaltungen zu Grotius – gehalten von Johann Georg Simon, Heinrich Bode und Johann Franz Budde (Abb. 3). Dieses frühe Interesse markiert zugleich den Höhepunkt der akademischen Auseinandersetzung mit Grotius an der Universität: In den Folgejahren lassen sich maximal zwei parallele Veranstaltungen identifizieren, was mit Blick auf das insgesamt übersichtliche Lehrangebot sehr beträchtlich ist. Auch in der Zusammenschau mit anderen naturrechtlichen Autoren wird deutlich, dass Grotius zwar eine zentrale, aber nicht dominante Rolle spielte. Unter den naturrechtlichen Lehrveranstaltungen, in denen überhaupt Lehrbücher genannt werden (n = 409), machen die Veranstaltungen mit Pufendorfs *De Officio* rund 43,4 Prozent aus, während Grotius mit etwa 13 Prozent vertreten ist. Die Rezeption anderer Autoren fällt in der quantitativen Erhebung deutlich geringer aus. Grotius bleibt als Klassiker der Naturrechtslehre zwar attraktiv, die Weiterentwicklung der Disziplin, die Vielzahl sehr unterschiedlicher Lehrwerke führte jedoch dazu, dass in den 1730er Jahren Naturrecht kaum noch auf der Grundlage von *De iure belli ac pacis* gelehrt wurde – zumindest legen dies die überlieferten Vorlesungsverzeichnisse nahe. An der faktischen Präsenz von Hugo Grotius dürfte dies nicht viel geändert haben, und zwar nicht, weil man sein Werk in historischer Perspektive würdigen wollte, sondern wegen der Wirkmächtigkeit von einer ganzen Reihe kategorialer Entscheidungen, die Grotius in *De iure belli ac pacis* einmal getroffen hatte.

Diese Tendenz – das früh einsetzende Interesse an Grotius, das jedoch bald abnimmt – spiegelt die sich zeitversetzt in der Entwicklung

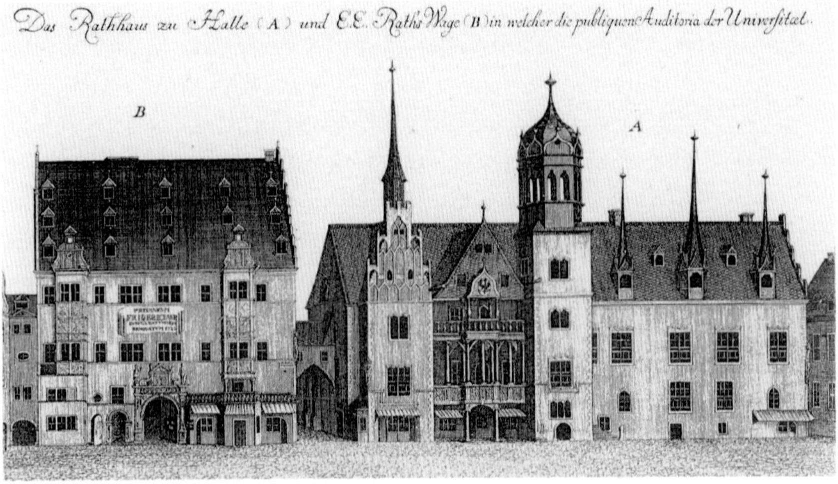

Abb. 1 Rats-Waage (links), Verwaltungsgebäude der Universität und Hörsaal für viele öffentliche Vorlesungen, Kupferstich aus Johann Christoph Dreyhaupt: Pagus Neletici et Nudzici […], Halle: Schneider, 1749/50, S. 358 (ULB Halle: Sign.: Pon Xa 6006, 2°)

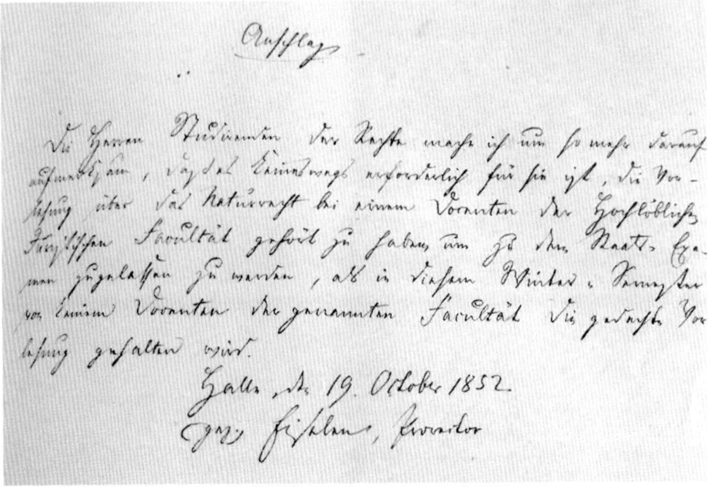
Anschlag

Halle, d. 19. October 1852.

Abb. 2 Anschlag des Prorektors vom 19. Oktober 1852, der den Studierenden der juristischen Fakultät mitteilt, dass der Besuch einer Vorlesung zum Naturrecht für den Erwerb des Staatsexamens nicht mehr notwendig ist (Universitätsarchiv Halle: Rep. 23 Nr. 648, Bl. 63) der Naturrechtslehre insgesamt. Hatte Georg Wilhelm Friedrich Hegel in seinen *Vorlesungen zur Geschichte der Philosophie* Grotius' Opus magnum noch bescheinigt, einmal „von der höchsten Wirksamkeit gewesen" zu sein, so musste er doch einräumen, dass dieses Werk „jetzt" von niemandem mehr gelesen werde. Auch wenn der Bedeutungsverlust des Naturrechts in der ersten Hälfte des 19. Jahrhunderts noch der gründlichen Erforschung bedarf, so ist doch symptomatisch, dass der Prorektor der Universität mit einem „Anschlag" der juristischen Fakultät am 19. Oktober 1852 mitteilt, dass der Besuch von Vorlesungen zum Naturrecht nicht mehr für das juristische Staatsexamen verpflichtend sei – nicht zuletzt, weil es keine Dozenten für das Fach mehr gab (Abb. 2). Damit verschwand das Naturrecht aus dem regulären Lehrbetrieb, und mit ihm auch die intensive systematische Rezeption von Grotius in den akademischen Lehrveranstaltungen in Halle.

Die Ausstellung möchte jedoch nicht allein die Präsenz von Hugo Grotius im Lehrbetrieb beleuchten. Vielmehr soll abschließend und exemplarisch ein breiteres Verständnis von Rezeption zur Geltung gebracht werden, wobei der Blick über Halle und das 18. Jahrhundert hinausreicht.

Für die Mithilfe bei Ausstellung und Katalog sei gedankt: der Universitäts- und Landesbibliothek Sachsen-Anhalt und der Bibliothek der Franckeschen Stiftungen für die Bereitstellung der Ausstellungsstücke, Martin Kühnel dafür, dass er uns die Ergebnisse seiner Recherchen zur Verfügung gestellt und einen großen Teil der Exponate für den Katalog fotografiert hat und natürlich gebührt ein besonderer Dank den Autorinnen und Autoren der Beiträge, die sich darauf eingelassen haben, in kurzer Zeit Texte für den vorliegenden Katalog zu verfassen. Ein letzter Dank geht schließlich an Paula Sturm und Andrea Thiele für ihre wertvolle redaktionelle Hilfe und an Frank Grunert für die fachkundige Begleitung des Projekts.

Halle (Saale) im Juli 2025
Cindy Bellamy und Jonas Liebing

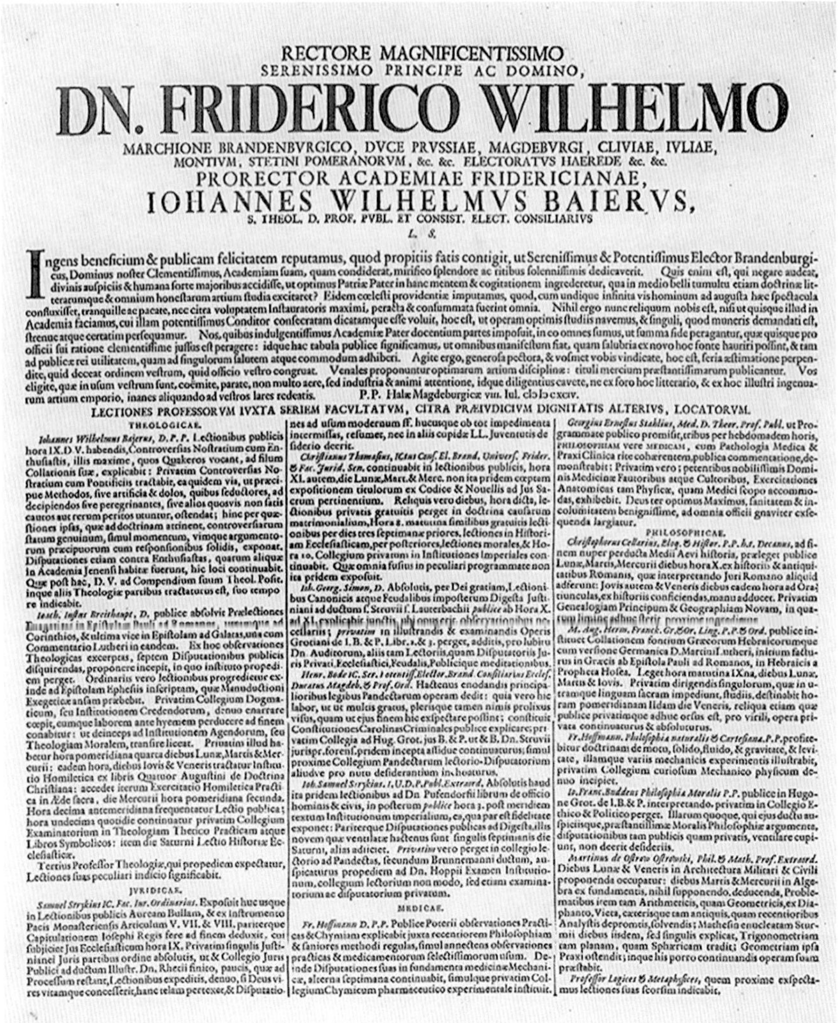

RECTORE MAGNIFICENTISSIMO
SERENISSIMO PRINCIPE AC DOMINO,
DN. FRIDERICO WILHELMO
MARCHIONE BRANDENBVRGICO, DVCE PRVSSIAE, MAGDEBVRGI, CLIVIAE, IVLIAE, MONTIVM, STETINI POMERANORVM, &c. &c. ELECTORATVS HAEREDE &c. &c.
PRORECTOR ACADEMIAE FRIDERICIANAE,
IOHANNES WILHELMVS BAIERVS,
S. THEOL. D. PROF. PVBL. ET CONSIST. ELECT. CONSILIARIVS
L. S.

Ingens beneficium & publicam felicitatem reputamus, quod propitiis fatis contigit, ut Serenissimus & Potentissimus Elector Brandenburgicus, Dominus noster Clementissimus, Academiam suam, quam condiderat, mirifico splendore ac ritibus solennissimis dedicaverit. Quis enim est, qui negare audeat, divinis auspiciis & humana sorte majoribus accidisse, ut optimus Patriæ Pater in hanc mentem & cogitationem ingrederetur, qua in medio belli tumultu etiam doctrinæ litterarumque & omnium honestarum artium studia excitaret? Eidem cœlesti providentiæ imputamus, quod, cum undique infinita vis hominum ad augusta hæc spectacula confluxisset, tranquille ac pacate, nec citra voluptatem Instauratoris maximi, peracta & consummata fuerint omnia. Nihil ergo nunc reliquum nobis est, nisi ut quisque illud in Academia faciamus, cui illam potentissimus Conditor consecratam dicatamque esse voluit, hoc est, ut operam optimis studiis navemus, & singuli, quod muneris demandati est, strenue atque certatim persequamur. Nos, quibus indulgentissimus Academiæ Pater docentium partes imposuit, in eo omnes sumus, ut summa fide peragantur, quæ quisque pro officii sui ratione clementissime jussus est peragere: idque hac tabula publice significamus, ut omnibus manifestum fiat, quam salubria ex novo hoc fonte hauriri possint, & tam ad publicæ rei utilitatem, quam ad singulorum salutem atque commodum adhiberi. Agite ergo, generosa pectora, & vosmet vobis vindicate, hoc est, seria æstimatione perpendite, quid deceat ordinem vestrum, quid officio vestro congruat. Venales proponuntur optimarum artium disciplinæ: tituli mercium præstantissimarum publicantur. Vos eligite, quæ in usum vestrum sunt, coëmite, parate, non multo aere, sed industria & animi attentione, idque diligentius cavete, ne ex foro hoc litterario, & ex hoc illustri ingenuarum artium emporio, inanes aliquando ad vestros lares redeatis. P.P. Halæ Magdeburgicæ VIII. Iul. cIɔ Iɔ cxciv.

LECTIONES PROFESSORVM IVXTA SERIEM FACVLTATVM, CITRA PRÆIVDICIVM DIGNITATIS ALTERIVS, LOCATORVM.

THEOLOGICAE.

Johannes Wilhelmus Bajerus, D. P. P. Lectionibus publicis hora IX. D. V. habendis, Controversias Nostratium cum Enthusiastis, illis maxime, quos Quakeros vocant, ad filum Collationis suæ, explicabit: Privatim Controversias Nostratium cum Pontificiis tractabit, ea quidem via, ut præcipue Methodos, sive artificia & dolos, quibus seductores, ad decipiendos sive peregrinantes, sive alios quosvis non satis cautos aut rerum peritos utuntur, ostendat; hinc per quæstiones ipsas, quæ ad doctrinam attinent, controversiarum statum genuinum, simul momentum, vimque argumentorum præcipuorum cum responsionibus solidis, exponat. Disputationes etiam contra Enthusiastas, quarum aliquæ in Academia Jenensi habitæ fuerunt, hic loci continuabit. Quæ post hac, D. V. ad Compendium suum Theol. Posit. inque aliis Theologiæ partibus tractaturus est, suo tempore indicabit.

Ioach. Iustus Breithaupt, D. publice absolvit Prælectiones [illegible] in Epistolam Pauli ad Romanos, [illegible] ad Corinthios, & ultima vice in Epistolam ad Galatas, una cum Commentario Lutheri in eandem. Ex hoc observationes Theologicas excerptas, septem Disputationibus publicis disquirendas, proponere incepit, in quo instituto propediem perget. Ordinariis vero lectionibus progredietur exinde ad Epistolam Ephesiis inscriptam, quæ Manuductioni Exegeticæ ansam præbebit. Privatim Collegium Dogmaticum, seu Institutionem Credendorum, denuo enarrare cœpit, cumque laborem ante hyemem perducere ad finem conabitur: ut deinceps ad Institutionem Agendorum, seu Theologiam Moralem, transire liceat. Privatim illud habetur hora pomeridiana quarta diebus Lunæ, Martis & Mercurii: eadem hora, diebus Iovis & Veneris tractatur Institutio Homiletica ex libris Quatuor Augustini de Doctrina Christiana: accedet iterum Exercitatio Homiletica Practica in Æde sacra, die Mercurii hora pomeridiana secunda. Hora decima antemeridiana frequentatur Lectio publica; hora undecima quotidie continuatur privatim Collegium Examinatorium in Theologiam Thetico Practicam atque Libros Symbolicos: item die Saturni Lectio Historiæ Ecclesiasticæ.

Tertius Professor Theologiæ, qui propediem expectatur, Lectiones suas peculiari indicio significabit.

IVRIDICAE.

Samuel Strykius IC. Fac. Iur. Ordinarius. Exposuit huc usque in Lectionibus publicis Auream Bullam, & ex instrumento Pacis Monasteriensis Articulum V. VII. & VIII. pariterque Capitulationem Iosephi Regis fere ad finem deduxit, cui subjiciet Jus Ecclesiasticum hora IX. Privatim singulis Justinianei Juris partibus ordine absolutis, ut & Collegio Juris Publici ad ductum Illustr. Dn. Rhetii finito, paucis, quæ ad Processum restant, Lectionibus expeditis, denuo, si Deus vires vitamque concesserit, hanc telam pertexet, & Disputationes ad usum modernum ff. hucusque ob tot impedimenta intermissas, resumet, nec in aliis cupidæ LL. Juventutis desiderio deerit.

Christianus Thomasius, ICtus Cons. El. Brand. Univers. Frider. & Fac. Jurid. Sen. continuabit in lectionibus publicis, hora XI. autem, die Lunæ, Mart. & Merc. non ita pridem cœptam expositionem titulorum ex Codice & Nouellis ad Jus Sacrum pertinentium. Reliquis vero diebus, hora dicta, lectionibus privatis gratuitis perget in doctrina causarum matrimonialium, Hora 8. matutina similibus gratuitis lectionibus per dies tres septimanæ priores, lectiones in Historiam Ecclesiasticam, per posteriores, lectiones morales, & Hora 10. Collegium privatum in Institutiones Imperiales continuabit. Quæ omnia fusius in peculiari programmate non ita pridem exposuit.

Ioh. Georg. Simon, D. Absolutis, per Dei gratiam, Lectionibus Canonicis atque Feudalibus imposterum Digesta Justiniani ad ductum f. Struvii f. Lauterbachii *publice* ab Hora X. ad XI. explicabit junctis, ubi opus erit, observationibus necessariis; *privatim* in illustrandis & examinandis Operis Grotiani de I. B. & P. Libr. 2. & 3. perget, additis, pro lubitu Dn. Auditorum, aliis tam Lectoriis, quam Disputatoriis Juris Privati, Ecclesiastici, Feudalis, Publicique meditationibus.

Henr. Bode IC. Ser. Potentiss. Elector. Brand. Consiliarius Eccles. Ducatus Magdeb. & Prof. Ord. Hactenus enodandis principalioribus legibus Pandectarum operam dedit: quia vero hic labor, ut ut multis gratus, plerisque tamen nimis prolixus visus, quam ut ejus finem hic exspectare possint; constituit Constitutiones Carolinas Criminales publice explicare; privatim Collegia ad Hug. Grot. jus B. & P. ut & B. Dn. Struvii jurispr. forens. pridem incepta assidue continuaturus; simul proxime Collegium Pandectarum lectorio-Disputatorium aliudve pro nutu desiderantium inchoaturus.

Ioh. Samuel Strykius. I. U. D. P. Publ. Extraord. Absolutis haud ita pridem lectionibus ad Dn. Pufendorfii librum de officio hominis & civis, in posterum *publice* hora 3. post meridiem textum Institutionum imperialium, ea, qua par est fidelitate exponet: Pariterque Disputationes publicas ad Digesta, illis novem quæ ventilatæ hactenus sunt singulis septimanis die Saturni, alias adjiciet. *Privatim* vero perget in collegio lectorio ad Pandectas, secundum Brunnemanni ductum, auspicaturus propediem ad Dn. Hoppii Examen Institutionum, collegium lectorium non modo, sed etiam examinatorium ac disputatorium privatum.

MEDICAE.

Fr. Hoffmann D. P. P. Publice Poterii observationes Practicas & Chymiam explicabit juxta recentiorem Philosophiam & saniores methodi regulas, simul annectens observationes practicas & medicamentorum selectissimorum usum. Deinde Disputationes suas in fundamenta medicinæ Mechanicæ, alterna septimana continuabit, simulque privatim Collegium Chymicum pharmaceutico experimentale instituit.

Georgius Ernestus Stahlius, Med. D. Theor. Prof. Publ. ut Programmate publico promisit, tribus per hebdomadem horis, PHILOSOPHIAM vere MEDICAM, cum Pathologia Medica & Praxi Clinica rite cohærentem, publica commentatione, demonstrabit; Privatim vero; petentibus nobilissimis Dominis Medicinæ Fautoribus atque Cultoribus, Exercitationes Anatomicas tam Physicæ, quam Medici scopo accommodas, exhibebit. Deus ter optimus Maximus, sanitatem & incolumitatem benignissime, ad omnia officii gnaviter exsequenda largiatur.

PHILOSOPHICAE.

Christophorus Cellarius, Eloq. & Histor. P. P. h. t. Decanus, ad finem nuper perducta Medii Aevi historia, præleget publice Lunæ, Martis, Mercurii diebus hora X. ex historiis & antiquitatibus Romanis, quæ interpretando Juri Romano aliquid adferunt: Jovis autem & Veneris diebus eadem hora ad Oratiunculas, ex historiis conficiendas, manu adducet. Privatim Genealogiam Principum & Geographiam Novam, in quarum limine adhuc stetit, proxime ingredimur.

M. Aug. Herm. Franck. Gr. & Or. Ling. P. P. & Ord. publice instituet Collationem fontium Græcorum Hebraicorumque cum versione Germanica D. Martini Lutheri, initium facturus in Græcis ab Epistola Pauli ad Romanos, in Hebraicis a Propheta Hosea. Leget hora matutina IXna, diebus Lunæ, Martis & Iovis. Privatim dirigendis singulorum, quæ in utramque linguam sacram impediunt, studiis, destinabit horam pomeridianam IIdam die Veneris, reliqua etiam quæ publice privatimque adhuc orsus est, pro virili, opera privata continuaturus & absoluturus.

Fr. Hoffmann. Philosophia naturalis & Cartesiana. P. P. profitebitur doctrinam de motu, solido, fluido, & gravitate, & levitate, illamque variis mechanicis experimentis illustrabit, privatim Collegium curiosum Mechanico physicum denuo incipiet.

Io. Franc. Buddeus Philosophia Moralis P. P. publice in Hugone Grot. de I. B. & P. interpretando. privatim in Collegio Ethico & Politico perget. Illarum quoque, qui ejus ductu auspiciisque, præstantissimæ Moralis Philosophiæ argumenta, disputationibus tam publicis quam privatis, ventilare cupiunt, non deerit desideriis.

Martinus de Ostrow Ostrowski, Phil. & Math. Prof. Extraord. Diebus Lunæ & Veneris in Architectura Militari & Civili proponenda occupatur: diebus Martis & Mercurii in Algebra ex fundamentis, nihil supponendo, deducenda, Problematibus item tam Arithmeticis, quam Geometricis, ex Diaphanto, Vieta, cæterisque tam antiquis, quam recentioribus Analystis depromtis, solvendis; Mathesin enucleatam Sturmii diebus iisdem, sed singulis explicat, Trigonometriam tam planam, quam Sphæricam tradit; Geometriam ipsa Praxi ostendit; inque his porro continuandis operam suam præstabit.

Professor Logices & Metaphysices, quem proxime exspectamus lectiones suas seorsim indicabit.

Abb. 3 Vorlesungsankündigung der Friedrichs-Universität von 1694. *De Iure Belli ac Pacis* taucht gleich drei Mal in Veranstaltungstiteln der juristischen Fakultät auf (ULB Halle: Sign.: UB 3885c, 2°)

MARK SOMOS

Tracing Grotius – A Material History of *De Iure Belli ac Pacis* (1625–1650) in Halle

Thanks to the *Deutsche Forschungsgemeinschaft* and the *Max Planck Institute for Comparative Public Law and International Law*, a team of postdoctoral fellows and I had the opportunity to spend six years examining all surviving copies of the first nine editions of Hugo Grotius' (1583–1645) *De iure belli ac pacis* (IBP): six published in Grotius' lifetime (1625 in Paris, 1626 in Frankfurt, 1631 in Amsterdam, in 1632 two rival editions by Janssonius and Blaeu in Amsterdam [fig. 4], and 1642 in Amsterdam), and three editions or reissues printed after his death, including the first one after the Peace of Westphalia (1646 in Amsterdam, 1647 in Amsterdam, and 1650 in Amsterdam). In addition to the three posthumous versions, two of the editions published in his lifetime (the 1626 Frankfurt and the 1632 Janssonius) were pirated, giving Grotius direct authorial control over only four of the nine earliest IBP editions. We published our findings with Oxford University Press in 2025, the four-hundredth anniversary of IBP's first appearance, as *The Unseen History of International Law: A Census Bibliography of Hugo Grotius'* De iure belli ac pacis *(1625–1650 Editions)*, co-authored by Matthew Cleary, Pablo Dufour, Edward Jones Corredera, Emanuele Salerno, and myself, and which this brief note draws on.

Our project's premise was that despite the voluminous literature concerning IBP's reception and influence, we cannot understand its full impact without recovering the history of IBP as a material object. Doing so required physically inspecting every single page of a thousand copies of IBP in order to trace typographical variants and to review millions of unpublished annotations that argued or agreed with the ideas on its pages. The annotations we found also include updates and observations that served as foundations for subsequent commentaries on IBP or as the lodestar for legal reforms, as sovereigns, lawyers, administrators, and scholars, who shaped the history of international law, regularly turned to IBP for guidance over four centuries.

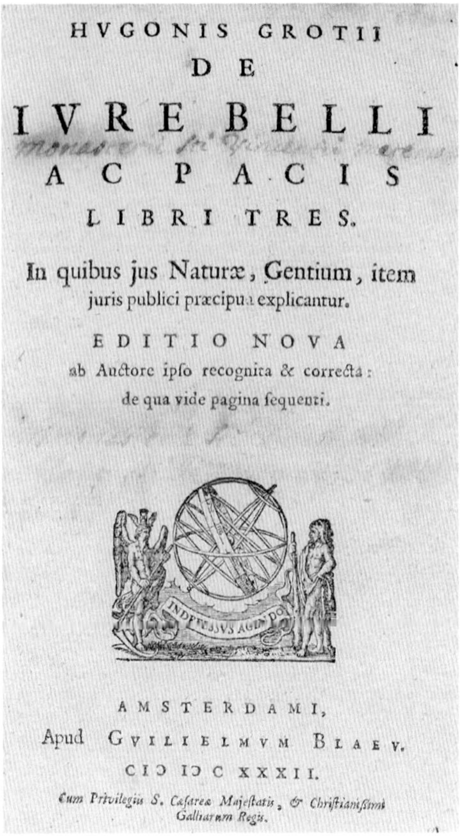
HVGONIS GROTII
DE
IVRE BELLI
AC PACIS
LIBRI TRES.
In quibus jus Naturæ, Gentium, item
juris publici præcipua explicantur.
EDITIO NOVA
ab Auctore ipso recognita & correcta:
de qua vide pagina sequenti.

AMSTERDAMI,
Apud GVILIELMVM BLAEV.
CIƆ IƆ C XXXII.
Cum Privilegiis S. Cæsareæ Majestatis, & Christianissimi Gallarum Regis.

Abb. 4 Title of: Hvgonis Grotii de ivre belli ac pacis libri tres. In quibus jus Naturæ, Gentium, item juris publici præcipua explicantur, Amsterdam: Willem Blaeu, 1632 (ULB Halle: Sign.: Kt 198 a)

While a great deal has been written about the iconic role of IBP, a census bibliography that locates and examines every surviving copy, documents and analyses press variants and readers' annotations, and traces the copies' dissemination and movement over time, has not been attempted before. The most obvious reason may be the sheer scale of work required. Only three previous global census bibliography projects have been completed, and each has had a wide-ranging and transformational effect on their respective fields. Owen Gingerich's census of the first two editions of Nicolaus Copernicus' (1473–1543) *De revolutionibus*, from 1543 and 1566, revealed that the book was first appreciated not, counterintuitively, for the heliocentric model, but for getting rid of the Ptolemaic equant; and that leading Protestant theologians set up informal groups to collectively study the work that replaced the Ptolemaic system with a heliocentric view of the universe. Neither of these facts appear from the surviving published record, and only a descriptive global census could have revealed them.[1]

The second such global descriptive census, Eric Rasmussen and Anthony West's bibliography of William Shakespeare's (1564–1616) *First Folios* (1623), increased the number of known copies by almost 50 per cent, and enriched our knowledge of early modern book production, promotion, and trade.[2] The third census, published in 2018, focused on Andreas Vesalius' (1514–1564) *De humani corporis fabrica* (the first two editions, of 1543 and 1555), which overturned thirteen centuries of Galenic orthodoxy and transformed anatomy into a visual and empirical science. This census showed that, contrary to the consensus of the existing scholarship, the first generation of readers did not understand the visual representation of anatomy that seems intuitive to us now; that they paid as much attention to theology as to anatomy, searching for angels and the soul in woodcuts of dissected brains; and that even though the book was put on the Papal Index (between 1627 and 1900), the real-world impact of censorship was negligible, as the need for improved medical knowledge overrode doctrinal objections.[3]

While each of these censuses transformed their respective fields, in an era obsessed with big data, they remain a rare type of study. As was the case with early modern publishing, a census requires a long-term investment in mechanical pursuits and embracing the risks of speculation. Reassembling far-flung pieces of a fragmented puzzle of learning and the transmission of ideas in the Republic of Letters requires locating every copy of a book; ploughing through musty offline records and 'link-rotted' online library catalogues; compiling nuanced questionnaires for librarians in various languages and systematising their responses; identifying typographical variants; collecting, transcribing, and adding metadata to images of hundreds of thousands of annotations, personalised bindings, and provenance marks; and tracking the space, pace, and trajectory of the movement of copies across the centuries, often between private and public owners, often punctured and punctuated by the disruptions of war, nationalisation, privatisation, and modernisation. With the *Unseen History of International Law,* international law became the fourth field, after cosmology, drama, and medicine, illuminated by a census bibliography of the work that shaped the field up to and beyond the present day.

The core finding of our census is the description of a thousand copies and the annotations they carry. The book is a treasury of newly discovered facts and an offering to other scholars interested in reception and teaching patterns, use cases, individual owners, readers' changing focus after centuries, and an infinity of other potential research topics that the census can encourage. Nevertheless, some analytical findings inevitably arose from our data collection. To mention a few: censorship did nothing to impair the Catholic reception of IBP. While IBP may have first appeared in university curricula in the 1650s, with Samuel Pufendorf famously occupying the first chair of international law to expound IBP in Heidelberg, IBP copies were also handed to young teenage students from the early 1630s onward as school prizes. Jesuits owned an extraordinary number of copies, many of them annotated, and may have relied in IBP extensively for teaching. And while seventeenth-century editions of IBP were annotated well into the twentieth century, a large portion of readers used their copies to register their disagreement with parts of IBP, and to update elements to reflect doctrinal and factual developments since Grotius' time (fig. 5).

Historically, Halle is one of the most important and innovative centres of IBP's reception. The six IBP copies still held here attest to the town's continuous engagement with Grotian international law from early on. The 1631 copy at the Franckesche Stiftungen (III/52, call no. 167 B 19) carries an owner's inscription dated to 1633, while the annotated 1632 Blaeu edition at Halle University (V/22, call no. Kt 198) was acquired in the mid-nineteenth century.

Abb. 5 Title of: Hugonis Grotii De Jure Belli ac Pacis Libri Tres, Jena/Rudolstadt: Fleischer, 1680 (ULB Halle: Sign.: AB 44 18/h, 9)

The University also holds a copy of the 1626 pirated IBP (II/15, call no. AB 46 14/h, 6), a copy of the first Dutch edition, a 1631 Blaeu edition (III/53, Kt 198, 4°), and a 1650 exemplar (IX/19, call no. KT 198. 9/5) that features Latin marginalia, a seventeenth-century owner's signature, and the black oval stamp of the Gymnasium zu Quedlinburg.

The other main repository of IBP copies in Halle is the Francke-sche Stiftungen, founded by August Hermann Francke (1663–1727) in 1698. The Foundations own two copies: the aforementioned 1631 Blaeu edition (III/52) and a 1642 version (VI/42, call no. 149 I 1). Both copies come from the estate of Baron Carl Hildebrand von Canstein (1667–1719), who studied law and served as a soldier before founding the Canstein Bible Institute in Halle, dedicated to the printing and dissemination of affordable Bibles.

The choice of the 1631 and 1642 editions for the Canstein collection may not be accidental. The large folio format of the 1631 Blaeu IBP, with convenient margins for note-taking, made it a prized edition for serious study. The 1642 edition was the first to include Grotius' commentary on the Epistle to Philemon, which Paul sent from jail to advocate in favour of Onesimus, a runaway slave who converted to Christianity. The somewhat odd exegetical addition to the standard contents of IBP might have made it particularly interesting for the Canstein Institute.

In addition to these six IBP copies published by 1650, the IBP Census also sheds light on members of the Halle diaspora that engaged with IBP in each of the four centuries since its first appearance. The municipal library in Nuremberg holds a heavily annotated 1646 edition (VII/27, call no. Jur. 8.582) that once belonged to the Altdorf-, Halle-, and Leiden-trained lawyer Paul Jacob Marperger, Jr (1686–1767), which he possibly inherited from his more famous father of the same name (1656–1730), one of the most eminent early modern German economists and polymaths. The Göttingen University Library holds a first-edition IBP (I/28, call no. 4 J NAT 933

RARA) that it acquired in 1773 on the death of the law professor Georg Christian Gebauer (1690–1773), who also owned a 1631 edition (III/50, call no. 4 J NAT 934). Born in Breslau, Gebauer studied in Altdorf and Halle with Nikolaus Hieronymus Gundling, before he accepted a professorship at the law faculty in Göttingen in 1734. Another German jurist, Hugo Böhlau (1833–1887) formerly owned the copy now at the Peace Palace (VI/69, call no. 571 A.Y3082). Böhlau studied at Halle, Heidelberg, Kiel, and Berlin, and served as a professor at Halle from 1855, before he moved to Greifswald in 1862 and to Rostock the following year. The inscription on the rear flyleaf, 'Hugo Böhlau, kand. Iur. 18 Berlin 52', suggests that he may have obtained this copy when he was a nineteen-year-old law student in Berlin. Finally, a copy of the 1632 Janssonius edition, now preserved at the Boston College of Law (IV/49, call no. BCLL RBR 165.36), once belonged to Guido Kisch (1889–1985), a Jewish legal historian from Prague, who taught at Königsberg and Halle before emigrating to the United States in 1935 to escape from the Nazis. Kisch moved to Basel in 1962, and received the Jacob Burckhardt Prize in 1972. These four jurists and owners of early IBP editions, two of whom studied at Halle, one who taught there, and one who did both, happily represent each of the four centuries since IBP first appeared in 1625.

Endnotes

1 Gingerich, O.: An Annotated Census of Copernicus' De revolutionibus. Leiden 2002.
2 Rasmussen, E.; West, A. J. (ed.): The Shakespeare First Folios: A Descriptive Catalogue. Basingstoke 2012.
3 Margócsy, D.; Somos, M.; Joffe, S. N.: The Fabrica of Andreas Vesalius: A Worldwide Descriptive Census, Ownership, and Annotations of the 1543 and 1555 Editions. Leiden 2018.

Exhibits

Hugo Grotius: De Ivre Belli Ac Pacis Libri Tres. In quibus jus naturæ & Gentium: item juris publici præcipua explicantur, Amsterdam: Willem Blaeu, 1631 (ULB Halle: Sign.: Kt 198, 4°)

Hugo Grotius: De ivre belli ac pacis libri tres. In quibus jus Naturæ, Gentium, item juris publici præcipua explicantur, Amsterdam: Willem Blaeu, 1632 (ULB Halle: Sign.: Kt 198 a)

Hugo Grotius: De ivre belli ac pacis libri tres, In quibus jus Naturæ & Gentium, item juris publici præcipua explicantur. Editio Nova cum Annotatis Auctoris, Amsterdam: Johannes Blaeu und Cornelis Blaeu, 1642 (Bibliothek der Franckeschen Stiftungen: Sign.: 149 I 1)

Hugo Grotius: De Jure Belli Ac Pacis Libri Tres, In quibus Jus Naturæ & Gentium, Nec non Joann. Frid. Gronovii V. C. Notis in totum opus, Notulas denique addidit Joannes Barbeyrac, Amsterdam: Johannes Janssonius van Waesberge, 1720 (ULB Halle: Sign.: AB 52 4/h, 11)

Hugo Grotius: De Jure Belli Ac Pacis Libri Tres: In Quibus Jus Naturae Et Gentium, Item Juris Publici Praecipua Explicantur. Editio Nova Cum Annotatis Auctoris Ex Postrema Ejus Ante Obitum Cura, Et Praefatione Christiani Wolfii, Marburg. Phil. Casimir. Müller, 1734 (ULB Halle: Sign.: AB 38782)

BRIGITTE KLOSTERBERG / FRANK GRUNERT

Grotius lernen. Zu den Marginalien Carl Hildebrand von Cansteins in einer Ausgabe von *De iure belli ac pacis* aus der Bibliothek der Franckeschen Stiftungen

1.

Das Anbringen von handschriftlichen Randnotizen an einen gedruckten Text stellt aus bibliothekarischer Sicht zweifelsohne einen ahndungswürdigen Vandalismus dar. Dies gilt natürlich in erster Linie für Bücher, die sich in öffentlichem Besitz befinden, bei Büchern in privatem Besitz fällt das Urteil schon weniger rigide aus, und die Perspektive verschiebt sich erst recht, wenn die Notate schon längere Zeit zurückliegen. Denn mit dem historischen Abstand kann die tatsächliche oder vermeintliche Schandtat zu einem bemerkenswerten Rezeptionszeugnis werden, das je nach Sichtweise einen ganz eigenen historischen und semantischen Wert hat, der daher einer eigenen Analyse würdig sein kann. Marginalien – also Bemerkungen, oder überhaupt irgendwelche Zeichen, die einem bestehenden gedruckten oder ungedruckten Text hinzugefügt werden – setzen dem bestehenden Basistext eine weitere semantische Ebene hinzu: Sie machen eine zeitlich versetzte Auseinandersetzung mit dem ursprünglichen Text sichtbar und bezeugen so dessen Wahrnehmung und Verarbeitung. Dabei ist vieles möglich: Marginalien können sich direkt auf den Text beziehen oder auch nur von ihm angeregt und ansonsten in keiner sachlichen Verbindung mit ihm stehen, sie können sich an den ursprünglichen Autor, in der Form eines Selbstbezuges auf den Verfasser der Marginalie oder an einen fiktiven oder tatsächlichen Dritten wenden. Und bisweilen ist es erst die Marginalie, die durch eine pragmatische Einbindung des Basistextes dessen Funktion und

Bedeutung freilegt. Marginalien als mehrfach interaktive Texte haben daher ihre eigene Bedeutung.[1]

Abb. 6 Porträt von Carl Hildebrand Freiherr von Canstein (1667–1719) (Bibliothek der Franckeschen Stiftungen: Porträtsammlung C 287, Studienzentrum August Hermann Francke: Porträtdatenbank)

Natürlich sind auch die unterschiedlichen Ausgaben und Auflagen von Hugo Grotius' *De iure belli ac pacis* mit Notizen versehen worden. Die ungewöhnliche, über die Jahrhunderte hinweg erhalten gebliebene juristische wie philosophische Bedeutung des Textes, die Komplexität seines Gegenstandes und sein Reichtum an intertextuellen Bezügen haben seine Leser immer wieder dazu veranlasst, mit der Hilfe von Marginalien das eigene Verständnis zu unterstützen. Eine Durchsicht der Exemplare von *De iure belli ac pacis*, die von der Herzog August Bibliothek in Wolfenbüttel, von der Bibliothek der Franckeschen Stiftungen sowie von der Universitäts- und Landesbibliothek Sachsen-Anhalt aufbewahrt werden, hat gezeigt, dass sich das durch Marginalien bezeugte Interesse am Text nicht in gleicher Weise auf das gesamte Werk bezieht. Auffällig ist vielmehr, dass die historischen Leser offenbar weniger an den Ausführungen zu juristischen Einzelheiten interessiert waren als vielmehr an den grundsätzlichen theoretischen Weichenstellungen, die sich in den *Prolegomena* und den ersten Kapiteln des ersten Buches finden. Doch gibt es unter den geprüften Exemplaren eine sehr bemerkenswerte Ausnahme: es handelt sich um ein Exemplar, das sich im Besitz von Carl Hildebrand von Canstein (1667–1719) befand und von diesem nahezu durchgehend mit Marginalien versehen wurde. Buch und Autor sind zweifellos einen genaueren Blick wert (Abb. 6). Wie und wann kam von Canstein, der später als Förderer des Pietismus und der Glauchaer Anstalten eine wichtige Rolle spielen sollte, dazu, sich dermaßen intensiv mit Grotius' Opus magnum auseinanderzusetzen?

Bei dem fraglichen Buch handelt es sich um einen von der Bibliothek der Franckeschen Stiftungen aufbewahrten Pergamenteinband in Quart mit der von Johann Georg Simon (1636–1696) besorgten, in Jena und Rudolstadt erschienenen Ausgabe von Hugo Grotius' *De iure belli ac pacis* von 1680.[2] Das durchschossene Exemplar mit umfangreichen Marginalien und Notizen von mindestens zwei Händen in lateinischer Sprache ist durch die beigebundenen Blätter auf den respektablen Umfang von 1.940 Seiten angewachsen (Abb. 7).[3] Der Band ist digitalisiert über die Website des Studienzentrums August Hermann Francke unter https://digital.francke-halle.de/ in der Kollektion *Alte Drucke* zugänglich. Die Übersichten über die Images zeigen eindrucksvoll, dass das Exemplar fast durchgehende Marginalien und Notizen aufweist.[4]

Zweimal, auf einem der Vorsatzblätter und auf dem Titelblatt, findet sich das Autogramm von Carl Hildebrand von Canstein, der damit unzweifelhaft als der Besitzer dieses Buches zu identifizieren ist. Ein Autogramm ist datiert auf 1682. Zu diesem Zeitpunkt war Canstein 14 bzw. 15 Jahre alt. Ein handschriftlicher Eintrag „Collegium apud D. Becmannum" mit dem Datum vom 12. Juli 1665 auf einem der zahlreichen Vorsatzblätter gibt einen weiteren Hinweis auf den „Sitz im Leben" dieses Exemplars. Der aus Zerbst stammende Johann Christoph Becmann (1641–1707) war Professor für Griechisch, Geschichte und Theologie an der Brandenburgischen Universität in Frankfurt (Oder), der Viadrina. Canstein hatte dort sein Jura-Studium aufgenommen.

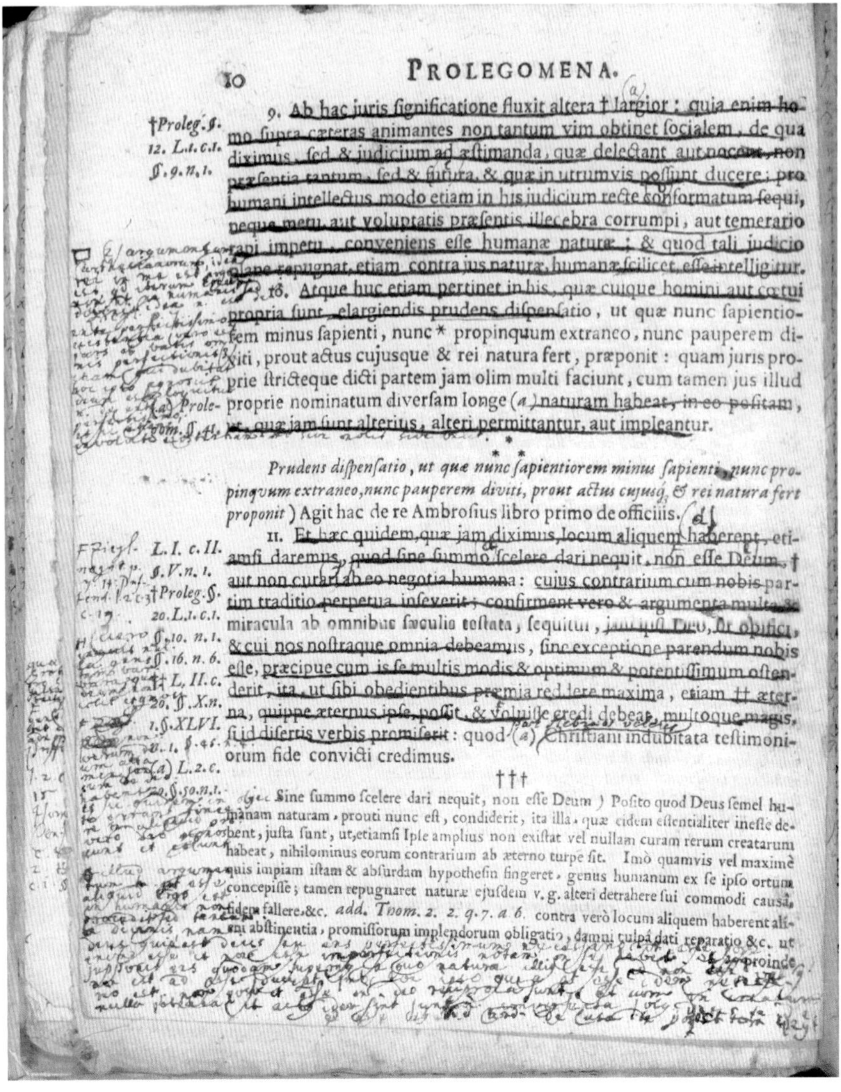

Abb. 7 Marginalien von Carl Hildebrand von Canstein in seinem nahezu durchgängig annotierten Exemplar. Jena/Rudolstadt: Fleischer, 1680 (Bibliothek der Franckeschen Stiftungen: Sign.: 141 D 3, Studienzentrum August Hermann Francke: Digitale Sammlungen)

2.

Carl Hildebrand[5] wurde als Sohn des Geheimen Rats, Oberhofmarschalls und Hofkammerpräsidenten Raban von Canstein (1617–1680) und dessen Frau Hedwig, geb. von Kracht (1633–1694), am 4. August 1667 in Lindenberg bei Beeskow geboren. Sein Vater war eine einflussreiche Persönlichkeit am brandenburgischen Hof und wurde bei der Wahl Kaiser Leopolds I. (1640–1705) in den Freiherrenstand erhoben. Kein Geringerer als der große Kurfürst Friedrich Wilhelm (1620–1688) war der Pate Carl Hildebrands. Seine Laufbahn im Staatsdienst schien durch die Position seines Vaters vorgezeichnet. Canstein immatrikulierte sich zusammen mit seinem jüngeren Bruder Philipp Ludwig (1669–1708) im Januar 1684 im Fach Jura an der brandenburgischen Universität in Frankfurt (Oder) und schloss sein Studium mit einer Disputation bei Samuel Stryk (1640–1710) über die Geltung des römischen Rechts an deutschen Gerichten ab, die 1685 in lateinischer Sprache in Frankfurt publiziert wurde.[6] Als Canstein die Universität bezog, war er also bereits im Besitz der Ausgabe von Grotius' Standardwerk. Nach seinem Studium folgte eine standesübliche zweijährige Grand Tour durch Holland, England, Frankreich, Italien und Österreich. Danach schlug Canstein eine Laufbahn als Beamter am Hof des Kurfürsten Friedrich III. (1657–1713, seit 1701 König in Preußen) ein. Den Hofdienst ablehnend, wurde er später Soldat und 1692 als Offizier während des Pfälzischen Erbfolgekrieges nach Flandern geschickt, wo er an der Amöbenruhr erkrankte. Auf dem Krankenbett gelobte er, „[w]enn Ihn Gott von dieser Kranckheit errettete, so wolte er Ihm sein Lebenlang dienen."[7] Nach seiner Genesung kehrte er nach Berlin zurück und quittierte seinen Militärdienst. 1694 lernte er den Theologen Philipp Jakob Spener (1635–1705) kennen, der als Probst an die Nikolaikirche in Berlin berufen worden war und sich als Motor der Reformbewegung in der evangelischen Kirche Geltung verschafft hatte, die später als Pietismus bezeichnet wurde. Canstein wohnte in dessen unmittelbarer Nachbarschaft. Spener brachte Canstein in Kontakt mit August Hermann Francke (1667–1727) und den in Glaucha vor Halle im Aufbau befindlichen sozial-pädagogischen Anstalten und so wuchs Canstein in die Rolle sowohl des wichtigsten ideellen und finanziellen Förderers des Halleschen Waisenhauses als auch, nach dem Tod Speners, des zentralen Vermittlers Halles am Berlin Hof hinein. Überregional bekannt wurde Canstein durch die Gründung der später nach ihm benannten Bibelanstalt auf dem Gelände der Glauchaschen Anstalten.[8]

In seinem Testament von 1719 setzte Carl Hildebrand von Canstein das Waisenhaus zu Halle zum Universalerben ein;[9] kurz danach gelangte seine umfangreiche über Generationen gewachsene Adelsbibliothek universalen Zuschnitts in die Bibliothek des Waisenhauses, ohne dass sie zunächst angemessen aufgestellt werden konnte. Ohne die Privatbibliothek Cansteins wäre der Bau des Bibliotheksgebäudes von 1726 bis 1728 mit dem heute noch original erhaltenen Bibliothekssaal nicht denkbar. Dabei repräsentiert Canstein einen besonderen Typus des Büchersammlers, der charakteristisch für alle Sammler ist, die ihre Bücher dem Halleschen Waisenhaus vermachten: Für sie war der fromme Zweck das Movens ihres Handelns. Canstein setzte sich mit seiner Schenkung kein Denkmal, indem er eine separate Aufstellung seiner Büchersammlung forderte, sondern ließ zu, dass seine Bücher ohne Kennzeichnung ihrer Provenienz in den Bestand der Bibliothek eingeordnet wurden. Das Wissen um die Zusammensetzung seiner Bibliothek ging auf diese Weise sukzessive verloren, zumal Canstein bzw. die Vorfahren oder Mitglieder seiner Familie nur in Ausnahmefällen ihren Namen in die Bücher aus ihrem Besitz geschrieben haben. Das Autogramm Cansteins von 1682 in dem Exemplar des grotianischen Werks von 1680 stellt also eine Besonderheit dar.

3.

Der Cansteinsche Bücherbesitz ist in zwei dickleibigen, imposanten Handschriftenbänden überliefert, die mit der Bibliothek 1720 nach Halle kamen.[10] Es handelt sich um einen nach Fächern geordneten Gesamtkatalog, der Titel bis zum Erscheinungsjahr 1717 verzeichnet und teilweise von Canstein selbst geführt worden ist,[11] und einen Spezialkatalog, der eine saubere, ergänzende Abschrift des theologischen Teils darstellt und bis 1719 reicht.[12] Im Gesamtkatalog sind die Bücher primär nach den *Libri Theologici*, den *Libri Juridici*, den *Libri Medici, Historici, Politici, Philosophici* geordnet, was der damals üblichen Bibliothekssystematik entsprach, die im Wesentlichen dem seit dem Mittelalter an den meisten europäischen Universitäten üblichen Fächerkanon folgte. Literatur, die nicht in diesen Rahmen passte, fasste Canstein unter die *Libri Exotici* zusammen. Hier finden sich Schriften zu Kunst und Literatur, Memoiren sowie galante Poesie und Romane in vorwiegend französischer, niederländischer und italienischer Sprache.[13] Die theologische, juristische und gemischte Literatur (Geschichte, Medizin, Politik und Philosophie) macht jeweils einen Anteil von 25 bis 30 Prozent, die *Libri Exotici* einen Anteil von ca. 15 Prozent des Gesamtbestandes aus.

Etwas mehr als 10.000 Titel mit der Provenienz Cansteins sind im Online-Katalog der Bibliothek der Franckeschen Stiftungen nachgewiesen, so dass nach Büchern aus seinem Besitz recherchiert werden kann.[14] Auf diese Weise ist gut zu ermitteln, dass die Privatbibliothek Cansteins zahlreiche Zimelien beinhaltet. Zu nennen sind stellvertretend für viele Handschriften und Bücher die Pergamenthandschrift der *Vita Annonis* aus dem ersten Jahrzehnt des 12. Jahrhunderts,[15] die repräsentativen Atlanten von Plantin-Moretus, Blaeu und Janssonius aus dem 16. und 17. Jahrhundert,[16] die berühmte *Cosmographey* des Sebastian Münster (1488–1552),[17] Werke zur Baukunst wie Andrea Palladios (1508–1580) *I Quattro Libri Dell'Architettvra*[18] oder hochkarätige medizinische, alchemistische und botanische Werke, darunter der von den Missionaren in Tranquebar (heute Tharangambadi) häufig nachgefragte *Hortus Indicus Malabaricus*, gedruckt in Amsterdam in der zweiten Hälfte des 17. Jahrhunderts.[19] Neben den Zimelien dürfte in einigen Fällen das Vorhandensein von Spezialliteratur auf einen realen, adligen Lebenshintergrund zurückzuführen sein. Da Canstein und seine Vorfahren ihre Einkünfte vorwiegend aus den Erträgen ihrer Ländereien erzielten, finden sich Schriften zum Steuer- und Landrecht sowie zur Buchhaltung in seiner Bibliothek. In diesem Zusammenhang steht sicher auch der Erwerb der sogenannten Hausväterliteratur, das sind praktische Anleitungen zur Haus- und Grundverwaltung sowie zur Landwirtschaftslehre.

Auch unter den theologischen Werken gibt es Prunkstücke, wie die polyglotte Bibel von Brian Walton (1600–1661) von 1652 oder die im Verlagshaus Endter in Nürnberg publizierte Kurfürstenbibel.[20] In dem Fach Theologie baute Canstein den Grundstock, den sein Vater gelegt hatte, deutlicher als in den anderen Fächern aus. Das betrifft vor allem die Bücher der „Pietisten". Unangefochten stammen die meisten pietistischen Drucke aus Cansteins Bibliothek aus der Feder Philipp Jakob Speners, der mit 146 Titeln in der Bibliothek vertreten ist. Es folgen die Theologen aus Halle: Joachim Just Breithaupt (1658–1732) mit 64, August Hermann Francke mit 60, Paul Anton (1661–1730) mit 38 und Joachim Lange (1670–1744) mit 36 Titeln. Angehörige der Friedrichs-Universität, die dem Pietismus nahestanden, wie der Jurist Samuel Stryk oder der Mediziner Georg Ernst Stahl (1660–1734) sind ebenfalls mit 35 bzw. 157 Titeln in respektablem Umfang in der Bibliothek Cansteins vertreten, wobei Canstein Stryk, wie erwähnt, als akademischen Lehrer bereits in Frankfurt an der Oder kennengelernt hatte.

Im Vergleich zu den *Libri Theologici* stammen die meisten juristischen Bücher aus der ersten Hälfte des 17. Jahrhunderts und dürften noch durch Raban von Canstein bzw. dessen Vater angeschafft worden sein. Unter den *Libri Juridici* finden sich aber auch Klassiker des Naturrechts, die von Carl Hildebrand von Canstein selbst erworben worden sind, wie aus eindeutigen Provenienzmerkmalen bzw. dem Erscheinungsdatum hervorgeht. Dazu zählen Werke von Thomas Hobbes (1588–1679) – etwa eine französische Übersetzung von *De Cive* (1653)[21] – Samuel Pufendorfs (1632–1694) *De jure naturae et gentium libri octo* (1672)[22] und die zweite Auflage von Christian Thomasius' (1655–1728) *Institutionum iurisprudentiae divinae libri tres* (1694)[23]. Das Werk von Hobbes besaß Canstein bereits als Schüler, das Naturrecht von Pufendorf hatte ihm sein Kommilitone Johannes Rumpff (1665–1718), später Ratsherr in Hamburg, geschenkt. Bemerkenswert ist, dass Canstein gleich eine ganze Reihe unterschiedlicher Ausgaben von Grotius' *De iure belli ac pacis* besaß, und zwar neben der Ausgabe Jena/Rudolstadt 1680 (s. Abb. 5 und 11), die editio secunda, Amsterdam 1631,[24] sowie die als editio nova bezeichnete Ausgabe mit Annotationen von Grotius, Amsterdam 1642.[25] Hinzu kommen die von Johann Christoph Becmann besorgte Ausgabe Frankfurt/Oder 1691[26] und die in Leiden erschienene und von Gothofredus Spinaeus (1632–1681) herausgegebene Ausgabe von 1691.[27] Ergänzt wird diese Sammlung durch Werke, die sich auf Grotius beziehen, etwa André Rivets (1571–1651) *Apologeticus*[28] oder die für die Grotius-Rezeption des 17. Jahrhunderts wichtigen Arbeiten von Dirk Graswinckel (1600–1666)[29] und Johann Klenck 1618–1672)[30]. Sowohl die von Spinaeus als auch die von Becmann herausgegebene Edition muss Canstein nach seinem Studium erworben haben, also in einer Phase, in der er sich inner- und äußerlich von seinem Jurastudium entfernte. Die Autogramme und Besitzeinträge von Canstein in den genannten Büchern hingegen beweisen, dass Canstein bereits vor seinem Jurastudium im Besitz von Werken des Naturrechts war, wie ja auch das durchschossene Exemplar der Jenaer Ausgabe von Grotius' *De iure belli ac pacis* bereits 1682, also etwa ein Jahr vor seinem Studium in Frankfurt (Oder), in seinen Besitz gekommen ist.

4.

Das Exemplar besitzt fünf Vorsatzblätter, von denen die ersten beiden Seiten eng beschrieben sind. Die Schrift auf diesen Seiten wirkt rund und ausladend. Danach folgt das Vorsatzblatt mit dem Eintrag über das Kolleg bei Johann Christoph Becmann im Juli 1685. Auf dessen Rückseite finden sich Zitate auf das Werk bzw. die Person von Grotius, die mit „Heinsius in effigiem Hugonis Grotij" und „Boeclerus in Epistola" betitelt sind und mithin aus Werken von Daniel (1580–1655) oder Nicolaas Heinsius d. Ä. (1620–1681) und des Straßburger Universalgelehrten Johann Heinrich Boecler (1611–1672) stammen müssen.[31] Auf der gegenüberliegenden Seite befindet sich das auf 1682 datierte Autogramm von Canstein. Danach folgt eine vierseitige von Canstein geschriebene Einführung, die mit „Cum Deo. De Studio Jurisprudentiae Universalis" betitelt ist. Seine Schrift ist nach rechts geneigt und wird, wie die überlieferten Briefe im Archiv der Franckeschen Stiftungen zeigen, im Laufe seines Lebens immer kleiner und flüchtiger. Schaut man sich die Marginalien und Notizen in Gänze an, dann taucht zwar gerade in den *Prolegomena* und dem ersten Buch des grotianischen Werks immer wieder die rechts geneigte Schrift Cansteins auf, nimmt aber im Vergleich zu der anderen, runden und etwas ausladender wirkenden Schrift weniger Raum ein.[32] Die Marginalien, die eindeutig der Hand Cansteins zuzuordnen sind, bringen in der Mehrzahl Verweise auf Literatur. So befinden sich beispielsweise auf Seite 6 der *Prolegomena* Hinweise auf ein Werk des Helmstedter Polyhistors Hermann Conring (1606–1681) und auf ein Werk des Jenaer Geschichtsprofessors Johann Andreas Bose (1626–1674), d. i. *Introductio Generalis In Notitiam Rerumpublicarum Orbis Universi* von 1676, das mit einem Autogramm Cansteins in der Bibliothek der Franckeschen Stiftungen vertreten ist.[33] Darüber hinaus verweist Canstein an zahlreichen Stellen auf das Werk des Wittenberger Juraprofessors Kaspar Ziegler (1621–1690) *In Hugonis Grotii De iure belli ac pacis libros [...] notae et animadversiones subitariae*, gedruckt in Wittenberg 1666, das zwar in der Bibliothek der Franckeschen Stiftungen vorhanden ist, aber nicht aus der Privatbibliothek Cansteins stammt.[34]

Auf den ursprünglich freien Blättern wechseln die beiden Hände. Beispielsweise ist auf dem Blatt gegenüber der Seite 8 im ersten Buch des Werks von Grotius eine Ecke in der linken Spalte von Canstein beschrieben, um die ausführliche Notizen der zweiten Hand gruppiert sind. Es könnte also sein, dass die Marginalien und Notizen, die eindeutig von der Hand Cansteins stammen, früher als die Notizen der zweiten Hand zu datieren sind. Grundsätzlich überwiegen deutlich die Notizen der zweiten Hand. Es wäre zu untersuchen, ob sich diese Notizen auf das Kolleg von Becmann beziehen und eventuell in dessen 1691 in Frankfurt (Oder) erschienenen Ausgabe von Grotius' *De iure belli ac pacis* vorkommen. Ein erster Vergleich der Notizen mit den gedruckten Annotationen von Becmann gab aber keinen Hinweis auf Übereinstimmungen.

Auch wenn die beiden Schriften stark differieren, könnte die zweite Schrift auch auf Canstein zurückgehen. Denn die beiden Autogramme, die sich sowohl in der Ausgabe von Thomas Hobbes *Le corps politique ou les elements de la loy morale & civile* von 1653[35] als auch in einem Exemplar der *Institutiones Iuris Publici Germani Romani* des Frankfurter Juraprofessors Johann Rhetz (1632–1707) von 1683 befinden, zeigen eine runde Schrift und den Namenszug Carl Hildebrand von Cansteins. Letzterer datiert vom 20. Mai 1686, also ein Jahr nach der Disputation Cansteins an der Viadrina.[36] Die Eintragungen haben die Devise: „Fide deo dispice mundum, et disce mori." Ob der Besitzeintrag durch eine andere Hand erfolgte, die identisch mit dem zweiten Schreiber der Notizen des Exemplars des grotianischen Werks von 1680 sein könnte, ist eine offene Frage. Es ist gut denkbar, dass die Standesperson Canstein einen Adjunkten hatte, der für ihn die Mitschriften besorgt hat. In diesem Fall wären alle Notizen und Marginalien, auch wenn sie nicht von der Hand Cansteins stammen, zumindest durch ihn vermittelt oder autorisiert.

Die vielen Literaturverweise in den Annotationen, die sich übrigens nur auf den *De iure belli ac pacis* und nicht auf die der Ausgabe zusätzlich beigegebenen Schriften, wie etwa *Mare liberum,* beziehen, lassen vermuten, dass sie in einem Lehrzusammenhang niedergeschrieben wurden. Ob es sich dabei um Hinweise handelt, die ursprünglich auf Cansteins Lehrer Johann Christoph Becmann zurückgehen, mag dahingestellt bleiben, in jedem Fall zeigen die Marginalien, dass es darum ging, sich vor dem Hintergrund breiter Kenntnisse der zeitgenössischen Literatur sehr genau mit *De iure belli ac pacis* auseinanderzusetzen, es galt: Grotius zu lernen, und zwar gründlich.

Anmerkungen

1 Vgl. dazu die sehr instruktiven Ausführungen in: Moulin, C.: Rand und Band. Über das Spurenlesen in Handschrift und Druck. In: Carmassi, P.; Heitzmann, C. (Hg.): Marginalien in Bild und Text. Essays zu mittelalterlichen Handschriften. Wiesbaden 2019 (Wolfenbütteler Forschungen, 156), S. 19–59.

2 Grotius, H.: De Jure Belli ac Pacis Libri Tres. In Qvibus Jus Naturæ et Gentium, Item Juris Publici Præcipua Explicantur, Cum ejusdem I. Annotatis ex postremâ ante obitum curâ, II. Commentatione in Epistolam Pauli ad Philemon, III. Dissertatione de Mari Libero, IV. Epistola de Studiis instituendis, ad Benjaminum Maurerium, legatum Regis Galliæ & V. Excerpto ex alia de juris studio, Publice olim ad Disputandum propositi, nunc vero novis Animadversionibus & adjectionibus locorum concordantium illustrati, allegatione Scriptorum distinctiori, Indiceqve pariter Rerum ac Verborum locupletissimo adornati, Dirigente Johanne Georgio Simone, D. Jenae, Sumptibus Johannes Theodori Fleischeri, Bibliopol. Rudolphstadii, Literis Christophori Fleischeri, 1680. Halle, Bibliothek der Franckeschen Stiftungen (im Folgenden BFSt): 141 D 3.

3 Umfang: 810 Seiten, 44 Seiten sowie 58 Bl. Index (unpaginiert).

4 Vgl. urn:nbn:de:gbv:ha33–1–188571 (letzter Zugriff: 21.07.2025).

5 Klosterberg, B.: Art. „Canstein, Carl Hildebrand Frhr. von (1667–1719)". In: Hempelmann, H.; Swarat, U. (Hg.): ELThG². Evangelisches Lexikon

für Theologie und Gemeinde. Bd. 1 (A–E). Holzgerlingen 2017, Sp. 1172–1174.

6 Disputatio Iuridica I. De Usu & Autoritate Iuris Romani In Foris Germaniae, Quam [...] Praeside Dn. Samuele Strykio [...] In Auditorio Ictorum, A. O. R. MDC.LXXXV. D. XXXI. Ianuar. Publico Eruditorum Examini submittit Carolus Hildebrand De Canstein. Frankfurt/Oder: Coepsel, 1685. BFSt: 190 F 73.

7 Schicketanz, P.: Carl Hildebrand Freiherr von Canstein. Leben und Denken in Quellendarstellungen. Tübingen 2002 (Hallesche Forschungen, 8), S. 7, Anm. 18 mit Hinweis auf: Memoria Cansteiniana, Oder Freyherrliches Denck-Maal des Hochwohlgebornen Herrn, Herrn Carl Hildebrand, Freyherrn von Canstein [...] in den Druck gegeben von August Hermann Francken [...]. Halle: Waisenhaus, 1722, S. 68.

8 Köster, B.: Die Lutherbibel im frühen Pietismus. Bielefeld 1984 (Texte und Arbeiten zur Bibel, 1); Aland, K.: Carl Hildebrand von Canstein und die von Cansteinsche Bibelanstalt. 2., erg. Aufl. Dortmund 2010; Klosterberg, B.: Vor 300 Jahren. Die Gründung der Cansteinschen Bibelanstalt in Halle. In: Mitteldeutsches Jahrbuch für Kultur und Geschichte 17, 2010, S. 237–238.

9 Schicketanz, S. 198.

10 Zur Bibliothek Cansteins vgl. Fiebiger, A.; Klosterberg, B.: Die Privatbibliothek Carl Hildebrand von Cansteins. In: Soboth, Chr.; Sträter, U. (Hg.): „Aus Gottes Wort und eigener Erfahrung gezeiget". Erfahrung – Glauben, Erkennen und Handeln im Pietismus. Beiträge zum III. Internationalen Kongress für Pietismusforschung 2009. Halle 2012 (Hallesche Forschungen, 33), S. 681–693.

11 Halle, Archiv der Franckeschen Stiftungen (im Folgenden abgekürzt AFSt) AFSt/H G 3.

12 AFSt/H A 29.

13 Vgl. Klosterberg, B.; Pohl, M.-J.; Fischer, O.: Niederländische Buchbestände in der Bibliothek der Franckeschen Stiftungen. In: Jost E.; Zaunstöck, H. (Hg.): Goldenes Zeitalter und Jahrhundert der Aufklärung. Kulturtransfer zwischen den Niederlanden und dem mitteldeutschen Raum im 17. und 18. Jahrhundert. Halle 2012, S. 108–127.

14 Die Rekonstruktion der Bibliothek Cansteins auf der Grundlage der historischen Kataloge erfolgte am Studienzentrum August Hermann Francke im Rahmen eines von der Deutschen Forschungsgemeinschaft geförderten Erschließungsprojekts von 2007 bis 2011. Etwa 1.000 Büchertitel, die nicht mehr im Bestand der Bibliothek der Franckeschen Stiftungen vorhanden

sind, darunter zahlreiche Dubletten, sind in einer separaten Datenbank erfasst worden, so dass die Privatbibliothek Cansteins ursprünglich etwa 11.000 Titel umfasst haben muss.

15 Vita Annonis maior. Köln, Siegburg oder Utrecht, um 1103–1110. Handschrift. Pergament, Federzeichnung mit Tinte. Minium und Silber, moderner Pergamenteinband. 80 Blätter. 23 × 15 cm. AFSt/H P 15.

16 Ortelius, A.: Theatrum Orbis Terrarum, […]. Quod ante extremum vitæ suae diem, postremum recensuit, nouis Tabulis et Commentarijs auxit atque illustrauit. Antwerpen: Moretus. 1601. BFSt: 88 A 8. Einband mit Namenszug des Großvaters Philipp Ludwig von Canstein (1579–1623); Janssonis, J.: Novus Atlas, Sive Theatrum Orbis Terrarum: In Quo Tabulæ & Descriptiones omnium Regium totius Universi accuratissime exhibentur in Sex Tomos Distinctus. Amsterdam: Janssonius, 1658. BFSt: 225 A 1-6; vgl. auch Cellarius, A.: Harmonia Macrocosmica Seu Atlas Universalis Et Novus, Totius Universi Creati Cosmographiam Generalem, Et Novam Exhibens […]. Amsterdam: Janssonius, 1661. BFSt: 225 A 8.

17 Münster, S.: Cosmographey, das ist, Beschreibung Aller Länder, Herrschafften und fürnemesten Stetten des gantzen Erdbodens, […] Erstlich durch Herrn Sebastian Munster […] verfasset. Basel: Henricpetri, 1598. BFSt: 108 A 1.

18 Palladio, A.: I Quattro Libri Dell'Architettvra Di Andrea Palladio. Ne' quali, dopò vn breue Trattato de' cinque ordini, & di quelli auertimenti, che sono più necessarij nel fabricare; Si Tratta Delle Case Private, delle Vie, de i Ponti, delle Piazze, dei Xisti, & de' Tempij. Venedig: Carampello, 1601. BFSt: 167 A 12.

19 Reede tot Drakestein, H. van: Hortus Indicus Malabaricus […]. 6 Bde. Amsterdam: van Someren; van Dyck, 1678–1686. BFSt: 169 A 2-7. Es erschienen insgesamt 8 Bände: Amsterdam: van Someren; van Dyck, 1678–1693.

20 Walton, B.: Biblia Sacra Polyglotta […]. London: Roycroft, 1657. BFSt: 1 A 1; Biblia, Das ist, Die gantze H. Schrifft, Altes und Neues Testaments, Teutsch, Doctor Martin Luthers […]. Nürnberg: Endter, 1692. BFSt: 85 A 23 (sog. Kurfürstenbibel).

21 Hobbes, T.: Le corps politique ou les elements de la loy morale & civile […]. Leiden: Elsevier, 1653. BFSt: 99 G 18 (2). Auf dem Titelblatt befindet sich ein Autogramm Carl Hildebrand von Cansteins von 1680.

22 Pufendorf, S.: De jure naturae et gentium libri octo. Lund: Junghans; Haberegger, 1672. BFSt: 138 C 6. Das Exemplar enthält eine Widmung von Johann Rumpff an Carl Hildebrand von Canstein von 1684; ein Autogramm von Carl Hildebrand von Canstein ist auf dem Titelblatt.

23 Thomasius, Chr.: Institutionem iurisprudentiae divinae libri tres [...]. Editio secunda. Halle: Saalfeld, 1694. BFSt: 135 C 16. Im handschriftlichen Katalog (s. Anm. 11) ist der Titel unter den *Libri Juridici* und unter dem Großbuchstaben T eingetragen und hat die Signatur 204. Die Signatur 204 findet sich im Innendeckel des Exemplars.

24 Grotius, H.: De jure belli ac pacis libri tres [...]. Editio secunda emendatior, & multis locis auctior. Amsterdam: Blaeu, 1631. BFSt: 167 B 19.

25 Grotius, H.: De iure belli ac pacis libri tres [...]. Editio nova cum annotatis auctoris. Amsterdam: Blaeu, 1642. BFSt: 149 I 1.

26 Grotius, H.: De iure belli ac pacis libri tres [...]. Cum annotatis autoris ex postrema eius ante obitum cura. Accesserunt excerpta annotationum variorum virorum insignium in totum opus. Hg. v. J. Chr. Becmann. Frankfurt/Oder: Schrey, 1691. BFSt: 135 D 2.

27 Grotius, H.: De iure belli ac pacis [...]. Cum annotationibus auctoris, & notis eruditissimis variorum. Ex accuratissima recensione [...] Gothofredi Spinaei [...]. Leiden: Du Vivie, 1696. BFSt: 135 E 17.

28 Rivet, A.: Apologeticus, pro suo de verae & sincerae pacis ecclesiae proposito. Contra Hugonis Grotii votum, et id genus conciliatorum artes, pro fucata & fallaci pace ecclesiastica. Leiden: Elsevier, 1643. BFSt: 14 F 9.

29 Graswinckel, D.: Stricturae ad censuram Joannis à Felden I. U. D. ad libros Hugonis Grotii de iure belli ac pacis. Amsterdam: Blaeu, 1654. BFSt: 119 D 10 [7].

30 Klenck, J.: Institutiones juris naturalis, gentium et publici, ex H. Grotio, de jure belli ac pacis excerptae [...]. Paris: Léonard, 1670. BFSt: 141 I 14.

31 Grotius, H.: Opera Omnia Theologica. In Tres Tomos Divisa; Ante quidem per partes, nunc autem conjunctim & accuratiùs edita [...]. T. 1: Annotationes Ad Vetus Testamentum. Hg. v. P. de Groot. Amsterdam: Blaeu, 1679. BFSt: 13 B 1. Zu den Beiträgern dieses Werks zählen auch Daniel und Nicolaas Heinsius.

32 Von dieser Hand finden sich vor den einzelnen Büchern und Kapiteln einführende zusammenhängende Notizen.

33 Bose, J. A.: Introductio Generalis In Notitiam Rerumpublicarum Orbis Universi [...]. Jena: Bielke; Krebs, 1676. BFSt: 137 C 12 [1].

34 Ziegler, K.: In Hugonis Grotii de Iure Belli Ac Pacis Libros, Quibus Naturae & Gentium ius explicavit, Notae et Animadversiones subitarie. Editio Secunda. Wittenberg: Mevius; Schumacher; Wittenberg: Henckel, 1676. BFSt: 136 G 19. Das Buch stammt aus der Privatbibliothek von Justus Lüders (gest. 1708).

35 Vgl. Anm. 21.

36 [Rhetz, J. F.:] Institutiones Iuris Publici Germanici Romani. Ex ipsis recessibus & legibus eius reipublicae fundamentalibus adornatae. Frankfurt/Oder: Schrey; Meyer; Leipzig: Günther, 1683. BFSt: 135 C 10.

Exponate

Hugo Grotius: De Iure Belli ac Pacis Libri Tres [...] Dirigente Johanne Georgio Simone, Jena: Johann Theodor Fleischer: Rudolstadt: Christoph Fleischer, 1680 (Bibliothek der Franckeschen Stiftungen: Sign.: 141 D 3)

Hugo Grotius: De Jure Belli ac Pacis Libri Tres, quem Nicolaus Blancardus Belga-Leidensis, è codice Auctoris descripsit & vulgavit. Nec non Joann. Frid. Gronovii V. C. Notæ in totum opus de Jure Belli ac Pacis, Amsterdam: Abraham van Someren, 1689 (ULB Halle – von Alvenslebensche Bibliothek, Hundisburg: Sign.: Alv. Bd 636)

Dirk Graswinckel: Strictvræ Ad Censvram Ioannis à Felden I. U. D. Ad libros Hvgonis Grotii De Ivre Belli Ac Pacis, Amsterdam: Blaeu, 1654 (ULB Halle: Sign.: Kt 206 [2])

Kaspar Ziegler: In Hugonis Grotii De Jure Belli Ac Pacis Libros, Notæ Et Animadversiones Subitariæ, Wittenberg: Mevius, Schumacher und Henckel, 1676 (ULB Halle: Sign.: Kt 211 a)

Jan Klenck: Institutiones Iuris Naturalis & Gentium. Ex Hugonis Grotii De Iure Belli Ac Pacis Libris excerpta, Jena und Helmstedt: Birckner und Krebs, 1666 (ULB Halle: Sign.: Fc 2094 [2])

Johann von Felden: Annotata in Hvg. Grotivm De Iure Belli et Pacis, Amsterdam: Janssonius, 1653 (ULB Halle: Sign.: Kt 206 [1)

Johann Adam Osiander: Observationes Maximam partem Theologicae, In Libros Tres De Iure Belli Et Pacis, Hugonis Grotii, Tübingen: Cotta; Reis, 1671 (Bibliothek der Franckeschen Stiftungen: Sign.: 135 G 10)

Johann Georg von Kulpis: Collegium Grotianum, Super Jure Belli Ac Pacis: In Academia Giessensi XV. Exercitationibus Institutum, Frankfurt am Main: Faber & Typographeum Academicum Kargerianum, 1682 (Bibliothek der Franckeschen Stiftungen: Sign.: 135 D 12 [1])

GÁBOR GÁNGÓ

Christliches Naturrecht mit Grotius – Johann Christian von Boineburg und sein Kreis

Baron Johann Christian von Boineburg (1622–1672) gehört zur prekären Wissensgeschichte des modernen Naturrechts.[1] Das ambiziöse aber seitdem in Vergessenheit geratene Projekt Boineburgs, ein christliches Naturrecht zu begründen, löste eine andauernde Debatte über die sich formierende moderne Naturrechtstheorie aus. Ursprünglich zielte Boineburg darauf ab, nach dem Westfälischen Frieden den Kirchenfrieden im alten Reich zu festigen. Doch mit dem Erscheinen von Samuel Pufendorfs *Elementa jurisprudentiae universalis* im Jahr 1660 wurde sein Projekt in den größeren Kontext der Naturrechtsdebatte eingebettet. Die Nachwirkungen kamen erst um 1720 endgültig zur Ruhe. In diesem Zeitraum übten die Pufendorfianer Jean Barbeyrac und Christian Thomasius scharfe Kritik an den Gegnern Pufendorfs sowie den Anhängern Boineburgs, darunter Gottfried Wilhelm Leibniz und weitere Vertreter des christlichen Naturrechts.

Der vor allem als Freund und Förderer des jungen Leibniz bekannte Mainzer Oberhofmarschall Boineburg war eine treibende Kraft hinter einer intellektuellen Strömung, die Mitte des 17. Jahrhunderts Friedensdenken, Gelehrtenrepublik und Naturrechtstheorie miteinander verband.[2] Seine Bemühungen lassen sich als bislang kaum gewürdigte Versuche deuten, im Interesse des europäischen Friedens ökumenisches Denken mit wissenschaftlicher Rationalität zu vereinen. Ziel war es, das von Hugo Grotius – sowie vom Unionismus des Helmstedter Professors Georg Calixt – inspirierte Friedensprojekt durch internationale Zusammenarbeit von und mit katholisch-konvertierten Gelehrten sowie durch im Auftrag verfasste Schriften eines engeren Mitarbeiterkreises zu verwirk-

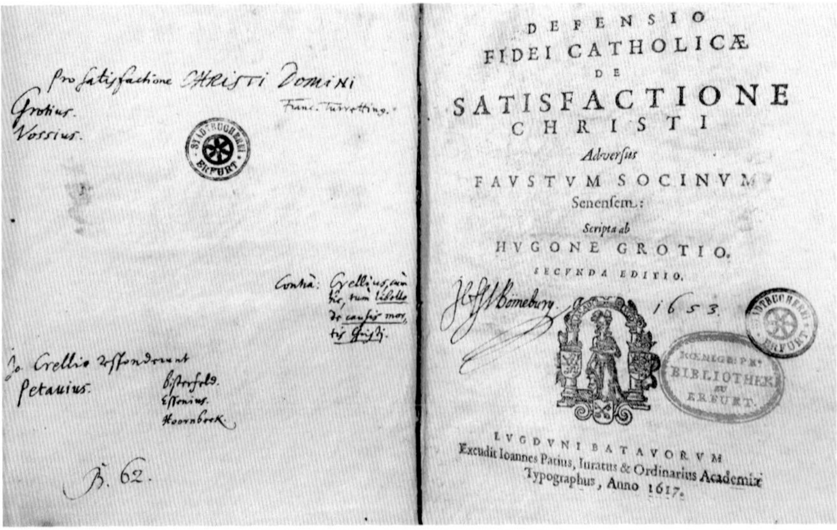
DEFENSIO
FIDEI CATHOLICÆ
DE
SATISFACTIONE
CHRISTI
Adversus
FAVSTVM SOCINVM
Senensem:
Scripta ab
HVGONE GROTIO.
SECVNDA EDITIO.
LVGDVNI BATAVORVM
Excudit Ioannes Patius, Iuratus & Ordinarius Academiæ Typographus, Anno 1617.

Abb. 8 Johann Christian von Boineburgs Exemplar von: Hugo Grotius: Defensio Fidei Catholicae de Satisfactione Christi Adversus Faustum Socinum Senensem (Leiden 1617) (Universitätsbibliothek Erfurt, Dep. Erf., 3-T.pol. 4° 332(1), vorderer Vorsatz verso und Titelblatt, Foto: Gábor Gángó mit Genehmigung der Universitätsbibliothek Erfurt)

lichen (Abb. 8).[3] Boineburgs Studienjahre in Jena und Helmstedt fielen zusammen mit den letzten Lebensjahren von Grotius (1641–1645), die durch sein besonderes irenisches Engagement ausgezeichnet waren. Im Rahmen seiner *imitatio Grotii* versuchte Boineburg, die irenische Tradition mit einer universalen Rechtstheorie zu verbinden.[4] Dabei las er Grotius‘ epochales Werk *De iure belli ac pacis* nicht als rein juristische Naturrechtslehre, sondern als den Versuch, den dauerhaften Frieden theoretisch zu begründen.

Unmittelbar nach dem Westfälischen Frieden und in Anknüpfung an die irenischen Bestrebungen von Hugo Grotius versuchte Boineburg, das durch konfessionelle Spannungen zerrissene Heilige Römische Reich sowohl in inneren als auch in äußeren Belangen mithilfe eines Religionsfriedens zu stabilisieren – allerdings nicht durch theologische Kooperation, sondern durch die Zusammenarbeit mit anderen Gelehrten. Humanistische Projekte fungierten als Hilfswissenschaften der Bibelauslegung, denn nach Boineburgs Überzeugung ließ sich die mit dem rationalen Naturrecht übereinstimmende dogmatische Position des frühen Christentums nur durch eine kollektive Anstrengung von Gelehrten rekonstruieren, die in verschiedenen Disziplinen, insbesondere der Philologie, bewandert waren. Im Zentrum seines Interesses stand Hugo Grotius – als Vordenker der konfessionellen Wiedervereinigung und Befürworter einer auf Vernunft und historischem Wissen gegründeten Bibelinterpretation.[5] Grotius' Polemik gegen die Calvinisten sowie seine humanistisch-historische Methode, mit der er zu zeigen versuchte, dass der Mensch trotz des Sündenfalls weder seine moralische Integrität noch seine epistemologische Fähigkeit zur vernunftbasierten Erkenntnis göttlicher Wahrheiten verloren habe, prägten maßgeblich Boineburgs Rezeption des großen Holländers.[6]

Anfang der 1650er Jahre arbeitete Boineburg, damals Diplomat im Dienst der Landgrafschaft Hessen, an mehreren politiktheoretischen Projekten, darunter das geplante Hauptwerk *De usu errorum in politicis*.[7] Seine Konversion zum Katholizismus im Jahr 1653 brachte ihm das Amt des Oberhofmarschalls am Hof des Mainzer Kurfürsten, Erzbischof Johann Philipp von Schönborn, ein. Diese Entscheidung stand in engem Zusammenhang mit seiner Bewunderung für Hugo Grotius. Der Priester, der ihn auf dem Weg zur Konversion begleitete – der in Amsterdam lebende deutsche Gelehrte Barthold Nihus – war an mehreren Werken von Grotius beteiligt, unter anderem als Herausgeber der *Annotationes ad Novum Testamentum* in der Druckerei von Willem und Johannes Blaeu.[8] Ziel der *Annotationes*, die von Grotius' einstigem Freund und späterem Gegner Claude Saumaise (auch Claudius Salmasius, 1588–1653) als „Handbuch für Konvertiten zum Katholizismus“ bezeichnet wurden, war es, die Einheit des frühen Christentums aufzuzeigen.[9]

Mit wachsendem Einfluss und Autorität – jedoch bei gleichzeitig abnehmender persönlicher Verfügbarkeit – griff Boineburg verstärkt auf Auftragsarbeiten seines intellektuellen Netzwerkes zurück, um seine Ziele zu verfolgen. Er arbeitete einer Konsolidierung konfessioneller Orthodoxien, sei es katholischer oder lutherischer Prägung, entschieden entgegen. In interkonfessionellen Vermittlerfiguren – Konvertiten und (vermeintlichen) Krypto-Katholiken – suchte er Verbündete für seinen auf Konsens ausgerichteten Friedensplan. In der Erwartung, dass aus der Synergie humanistischer Wissenschaften – Philosophie, Jurisprudenz und der eng mit beiden verknüpften Philologie – neue Impulse hervorgehen könnten, knüpfte Boineburg, in der Tradition von Nihus und Grotius, Verbindungen zu führenden irenischen Gelehrten – nicht nur im Heiligen Römischen Reich, sondern auch in Frankreich, Italien und den Niederlanden. Aus seiner weitverzweigten Korrespondenz wählte er gezielt Gesprächspartner, die seiner Einschätzung nach in konfessionellen Streitfragen gemäßigte Positionen vertraten.

Das Projekt stützte sich auf die Speicher überlieferten „wahren" Wissens: die Bibliotheken.[10] Entsprechend groß war Boineburgs Interesse an diesen Institutionen. Seine private Bibliothek diente ihm nicht nur als Nachschlagewerk für die wissenschaftsorganisatorische Arbeit, sondern auch zur Vorbereitung laufender Projekte und zur retrospektiven Evaluation der erzielten Ergebnisse.[11] Mit ihren zahlreichen Randbemerkungen offenbart sie Boineburg als treibende Kraft eines eigenständigen Netzwerks innerhalb der Gelehrtenrepublik – nicht nur in Deutschland, sondern europaweit.

Boineburg war als „Wissensmanager" nicht nur ein *Maecenas Germaniae*, sondern vor allem ein *Germaniae Peiresc*.[12] Weniger durch finanzielle Förderung der Künste als vielmehr – ganz im Sinne von Nicolas-Claude Fabri de Peiresc[13] – durch seine organisatorische Tätigkeit in Form gelehrter Korrespondenz unterstützte er die Wissenschaft. Diese Korrespondenz war nur dem äußeren Anschein nach ein gleichrangiger Austausch unter Gelehrten; in Wirklichkeit folgte sie einer hierarchischen Struktur. Sie diente als Vehikel für Boineburgs Anfragen und Anweisungen an seine korrespondierenden Gelehrten. Nur mit Hermann Conring und Johann Heinrich Boecler unterhielt er einen projektübergreifenden, über längere Zeit hinweg geführten Briefwechsel.[14]

Die Korrespondenz Boineburgs belegt, dass er nicht nur mit Boecler und Leibniz, sondern auch mit weiteren christlichen Naturrechtlern – Johann Ludwig Prasch, Samuel Rachel und Veit Ludwig von Seckendorff – in Verbindung stand. Besonders intensiv war der Austausch in den frühen 1660er Jahren, als er an einem kollektiven Vorhaben arbeitete, eine universelle Jurisprudenz im Einklang mit der christlichen Lehre zu entwickeln. Dieses Projekt verlief parallel zu den ähnlich ausgerichteten – und letztlich erfolgreicheren – Bestrebungen des jungen Samuel Pufendorf. Sie kulminierten zunächst in dessen *Elementa jurisprudentiae universalis,* die unter Rückgriff auf „mathematische" Beweisführung konzipiert waren, und fanden schließlich in seinem auf humanistischen Argumenten beruhenden *De jure naturae et gentium libri octo* (1672) ihre kanonische Ausformung.[15]

Boineburgs Plan bestand darin, das Naturrecht als Rechtsquelle im Dienst des europäischen Friedens nutzbar zu machen. Dementsprechend betrachtete er nicht den Territorialstaat als Gegenstand rechtsphilosophischer Reflexionen oder als Rechtssubjekt eines theologieunabhängigen politischen und moralischen Kodexes, vielmehr verstand er das Naturrecht als Bindeglied zwischen Theologie und Jurisprudenz. Um dies zu untermauern, beauftragte er 1660 den klassischen Philologen Johann Heinrich Boecler mit der Abfassung einer Naturrechtstheorie *„iuxta disciplinam christianorum"*.[16] Nach Boineburg existierten ebenso eine Ethik und eine Politik *„iuxta disciplinam christianorum"*. Exemplarisch hierfür sind *De officiis* des heiligen Ambrosius sowie der Brief des heiligen Bernhard an Papst Eugen – beide Schriften stellen Versuche dar, die Kardinaltugenden im Lichte des Christentums zu reformulieren.[17] Der Ausdruck bezeichnet demnach die Angleichung bereits bestehenden Wissens – etwa der ciceronischen Ethiklehre in *De Officiis* – an die christliche

Lehre. Boineburg hatte vor Augen, diese Aufgabe im Rückgriff auf Grotius' Bibelauslegung zu lösen bzw. lösen zu lassen. Für ihn bestand das Naturrecht nicht in der göttlichen Offenbarung oder den Geboten Gottes, sondern in jenen moralischen Einsichten, die sich im Licht der natürlichen Vernunft erschließen lassen. In dieser Auslegung betonte Boineburg das rationalistische Moment in der Naturrechtslehre von Grotius und grenzte sich damit von voluntaristischen Interpretationen ab.

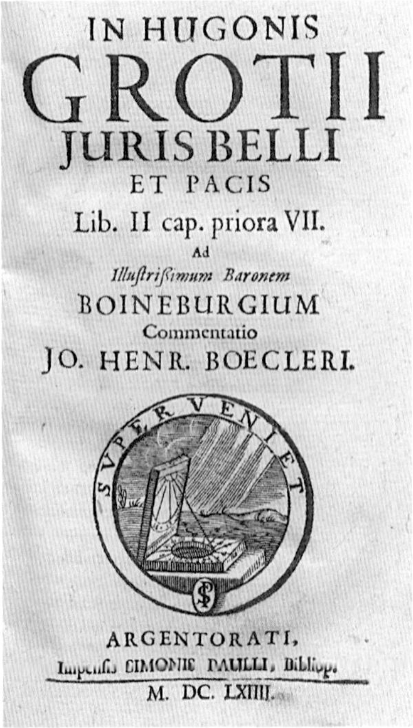

Abb. 9 Titelblatt von Liber II des Grotius-Kommentars von Johann Heinrich Boecler: In Hugonis Grotii Ius Belli Et Pacis, Ad Illustrißimum Baronem Boineburgium Commentatio Jo. Henrici Boecleri, Argentorati: Paullus, 1664 (ULB Halle: Sign.: AB 155494 [1])

Das Sammeln von Quellen einer vom theologischen Konsens unabhängigen und zugleich als universal gedachten Jurisprudenz bildete ein weiteres zentrales Anliegen Boineburgs – als zweiter Pfeiler eines dauerhaft stabilen Friedens im Heiligen Römischen Reich und darüber hinaus in Europa. Aus diesem Grund wurden auch die rechtshistorischen Arbeiten von Boecler und Conring in Boineburgs Grotius-Projekt integriert (Abb. 9). Die Auswahl und konkrete Zusammenstellung dieses Rechtskorpus verstand er dabei nicht als rein juristische, sondern als multidisziplinär-humanistische Aufgabe. Für deren Umsetzung bediente er sich – wie schon bei seinen friedensstiftenden Unternehmungen – der Gelehrtenrepublik als kommunikatives und organisatorisches Vehikel.

Störend, zugleich aber auch anspornend für Boineburgs Grotius-Projekt wirkte das Erscheinen von Pufendorfs *Elementa jurisprudentiae universalis*. Anders als es das etablierte Narrativ suggeriert, suchte Boineburg nicht die Kooperation mit dem jungen Pufendorf, sondern es entwickelte sich eine Rivalität um die Aneignung des intellektuellen Erbes von Grotius.[18] Um den wissenschaftlichen Habitus des jungen Heidelberger Professors zu untergraben, initiierte Boineburg eine Polemik zwischen Boecler und Pufendorf.[19] Während Pufendorf die – berechtigten oder unberechtigten – Vorwürfe Boeclers ernst nahm und seiner Naturrechtstheorie in *De jure naturae et gentium* 1672 eine deutlich humanistischere Prägung verlieh, gelang es Boineburg nicht, sein eigenes Projekt eines „christlichen" Naturrechts im Sinne seiner Intentionen zu realisieren. Die von Boineburg in Auftrag gegebene Schrift Boeclers – *In Hugonis Grotii Ius Belli Et Pacis, Ad Illustrissimum Baronem Boineburgium Commentatio* (Straßburg 1663) – stand vielmehr im Widerspruch zu Boineburgs Absicht, *De iure belli ac pacis* kryptokatholisch zu lesen, und stellte stattdessen eine der ersten orthodox lutheranischen Grotius-Interpretationen dar.

Eine Korrektur des Grotius-Projektes war nicht mehr möglich, denn mit dem politischen Sturz Boineburgs im Jahr 1664 endeten auch dessen wissenschaftlichen Unternehmungen. Nach seiner persönlichen Rehabilitation jedoch stand ihm noch die wissenschaftsgeschichtlich bedeutendste Begegnung seines Lebens bevor: jene mit Leibniz.[20] Die Mainzer Periode (1668–1672) des jungen Leibniz war entscheidend geprägt durch die Bekanntschaft und Zusammenarbeit mit dem ehemaligen Mainzer Oberhofmarschall. Leibniz' eigenhändige Marginalien und Notizen in Boineburgs Bibliotheksnachlass, die auf Leibniz bezogenen Hinweise in Boineburgs Korrespondenz sowie über achtzig Erwähnungen seines Namens und seiner politischen, juristischen, theologischen und philosophischen Schriften in Boineburgs handschriftlichen Bucheinträgen belegen, dass sich ihre Zusammenarbeit nicht nur auf politische Praxis beschränkte, sondern auch auf die Entwicklung von Leibniz' wissenschaftlichem Schaffen Einfluss nahm.[21] Die Berücksichtigung von Boineburgs intellektuellen Bestrebungen kann unser Verständnis der philosophischen, wissenschaftlichen und politischen Tätigkeiten des jungen Leibniz erheblich vertiefen. Anstelle Boineburg weiterhin bloß als Leibniz' „Freund und Mentor" zu etikettieren, legen die Quellen nahe, ihr Verhältnis grundlegend neu zu bewerten. Bei veränderten Perspektiven erscheinen die Mainzer Jahre nicht nur als erste Phase von Leibniz' eigenständiger philosophischer Entwicklung, sondern auch als eine Periode intensiver und vielfältiger Zusammenarbeit mit Johann Christian von Boineburg.

Der Tod Boineburgs und Boeclers im Jahr 1672 beendete die Auseinandersetzungen zwischen den verschiedenen Strömungen der Naturrechtstheorie keineswegs. Boineburgs Experiment führte nicht zum erhofften ökumenischen Konsens, sondern rief eine polemische Reaktion der lutherischen Orthodoxie hervor. Diese ablehnende Haltung richtete sich später nicht nur gegen die von Boineburg vertretene Grotius-Interpretation, sondern gegen die gesamte moderne, „säkulare" Naturrechtstradition. Das lutherische Naturrecht (beispielweise bei Boecler, Osiander u.a.) wandte sich ebenfalls gegen Grotius, da es jene krypto-katholische Lesart zurückweisen wollte, die Boineburg zur Diskussion gestellt hatte.

Da Boineburg auch mit anderen Vertretern des „christlichen" Naturrechts – wie Johann Ludwig Prasch, Samuel Rachel, Veit Ludwig von Seckendorff und Leibniz – in Verbindung stand, wird sein Einfluss auf die Ausgestaltung der frühneuzeitlichen, als „christlich" etikettierten Naturrechtskonzeption umso deutlicher. Die Wende vom „säkularen" zum „christlichen" Naturrecht bedeutete daher nicht nur eine Ablösung der Soziabilität als oberstem Prinzip durch das Liebesgebot,[22] vielmehr war zunächst eine Abgrenzung notwendig: Boineburgs (ehemalige) Weggefährten und Korrespondenten mussten sich vom Kern seines Projektes distanzieren und *De iure belli ac pacis* von der grotianischen Theologie lösen.

Die katalysierende Rolle, die Boineburg in der methodologischen Wende Pufendorfs von den *Elementa iurisprudentiae universalis* zu *De jure naturae et gentium* spielte, trug maßgeblich zum Erfolg des pufendorfschen Naturrechts im universitären Unterricht des ausgehenden 17. Jahrhunderts bei. Nach Leibniz' Tod im Jahr 1716 setzten Barbeyrac und Thomasius der ganzen „christlichen" Naturrechtstradition ein Ende: Barbeyrac übte eine folgenreiche Kritik an Leibniz' Deutung Pufendorfs, während sich Thomasius in seiner als verbindliche historiographische Festlegung konzipierten *Paulo plenior, historia juris naturalis* ausdrücklich gegen das christliche Naturrecht wandte.[23] Seine Darstellung der Feindseligkeiten zwischen Boecler und Pufendorf erhob dieses Intermezzo schließlich zu einem wesentlichen Bestandteil des Gründungsmythos des modernen Naturrechts.

Auf Grundlage des Gesagten lassen sich die Unterschiede zwischen Pufendorf und dem „christlichen" Naturrecht klarer nachvollziehen. Während Pufendorf sich von Grotius' Versuch in *De iure belli ac pacis* inspirieren ließ, universelle Regeln des menschlichen Zusammenlebens jenseits partikularer politischer oder religiöser Normen zu formulieren, nahm Boineburg Forschungen auf, um ein universelles christliches Naturrecht zu entwickeln. Er war überzeugt, dass Grotius' Lebenswerk – insbesondere seine irenische Theologie – über dessen Tod hinaus weitergeführt werden müsse. Während Pufendorfs Ziel darin bestand, eine Naturrechtstheorie zur Orientierung menschlicher Gesellschaften in Zeiten konfessioneller Zersplitterung zu formulieren, betrachteten Boineburg und einige Mitglieder seines Umfelds, insbesondere Leibniz, das Naturrecht als nützliches Instrument zur Förderung der Wiedervereinigung der gespaltenen christlichen Kirchen. Vor allem aber bestand das grundlegende Anliegen des christlichen Naturrechts in Boineburgs Auffassung nicht darin, bloß zu zeigen, dass Gott der Ursprung allen Rechts und die Heilige Schrift dessen Quelle sei. Vielmehr ging es darum, die Relevanz und Gültigkeit der gesamten christlichen Tradition – von Christus bis zu den zeitgenössischen Autoren – aus Sicht einer universellen Jurisprudenz aufzuzeigen.

Anmerkungen

1 Zum Begriff: Mulsow, M.: Prekäres Wissen. Eine andere Ideengeschichte der Frühen Neuzeit. Berlin 2012.

2 Zu Boineburg: Ultsch, E.: Johann Christian von Boineburg. Würzburg 1936.

3 Zu Grotius' Theologie vgl. etwa Nellen, H. J. M. (Hg.): Hugo Grotius, Theologian: Essays in Honour of G. H. M. Posthumus Meyjes. Leiden 1994; Nellen, H. J. M.: Hugo Grotius: A Lifelong Struggle for Peace in Church and State, 1583–1645, übers. v. J. C. Grayson. Leiden 2015. Zu Calixt: Wallmann, J.: Union, Reunion, Toleranz. Georg Calixts Einigungsbestrebungen und ihre Rezeption in der katholischen und protestantischen Theologie des 17. Jahrhunderts, in: Duchhardt, H.; May, G. (Hg.): Union – Konversion – Toleranz. Mainz 2000, S. 21–37.

4 „Imitari debet aureum illum librum Grotianum." Eintragung von Boineburg in: Vulteius, H.: Jurisprudentiae Romanae à Justiniano compositae, Libri II., Marburg 1610 (UB Erfurt, Dep. Erf. 3-Jus.L. 8° 358), vorderer Vorsatz.

5 Mortimer, S.; Robertson, J.: Nature, Revelation, History: The Intellectual Consequences of Religious Heterodoxy 1600–1750. In: dies. (Hg.): The intellectual consequences of religious heterodoxy 1600–1750. Leiden 2012, S. 1–46, hier S. 28.

6 Rohls, J.: Offenbarung, Vernunft und Religion. Tübingen 2012, S. 330; Haakonssen, K.: Early-modern natural law. In: Duke, G.; George, P. (Hg.): Cambridge Companion to Natural Law Jurisprudence. Cambridge 2017, S. 76–102, hier S. 80.

7 Mulsow, M.: Vom Nutzen der Irrtümer. Ein Buch, das die Welt gut hätte gebrauchen können. In: Frankfurter Allgemeine Zeitung, Nr. 302 (28. Dezember 2022), S. N 3.

8 Nellen: Grotius, a. a. O., S. 620 und 721.

9 Ebenda, S. 630 und 641.

10 Zedelmaier, H.: Bibliotheca Universalis und Bibliotheca Selecta, Köln/Weimar/Wien 1992; F. Grunert/A. Syndikus (Hg.): Wissensspeicher der Frühen Neuzeit: Formen und Funktionen. Berlin 2015.

11 Paasch, K.: Die Bibliothek des Johann Christian von Boineburg (1622–1672). Berlin 2005.

12 Mauritius, E.: Dissertationum de principiis juris publici Specimen, Ubi de Jure Naturae quaedam, ad mentem imprimis Orientalium Populorum, & Graeciae Philosophorum disceptantur. Tübingen 1665, S. 3v.

13 Hellin, J.: Nicolas-Claude Fabri de Peiresc: 1580–1637. Brüssel 1980; Miller, P. N.: Peiresc's Europe: Learning and Virtue in the Seventeenth Century. New Haven. Conn 2000.

14 Gángó, G. (Hg.): The Correspondence of Johann Christian von Boineburg, in: Early Modern Letters Online, ed. H. Hotson/M. Lewis, (2021).

15 Gángó, G.: Johann Christian von Boineburg, Samuel Pufendorf, and the foundation myth of modern natural law. History of European Ideas 49 (2023), S. 523–542.

16 Mulsow, M.: Radikale Frühaufklärung in Deutschland 1680–1720: Bd. 2: Clandestine Vernunft. Göttingen 2018, S. 184 f.

17 Eintragung von Boineburg in: Cicero, M. T.: Operum tomus tertius, quo omnes ejus epistolae continentur, Hamburg 1618 (UB Erfurt, Dep. Erf. 3-Lcl. 2° 05184 (3-4)), Bd. 4, S. 239.

18 Gángó, G: Johann Christian von Boineburg, a. a. O.

19 Palladini, F.: Un nemico di S. Pufendorf: Johann Heinrich Böcler (1611–1672). In: Simon, D.; Stolleis, M. (Hg.): Ius Commune Bd 24. Frankfurt am Main 1997, S. 133–152.

20 Wiedeburg, P: Der junge Leibniz, das Reich und Europa. I. Teil: Mainz (Darstellungsband und Anmerkungsband). Wiesbaden 1962; Brown, St. (Hg.): The Young Leibniz and His Philosophy (1646–76). Dordrecht–Boston–London 1999; Kulstad, M.; Lærke, M.; Snyder, D. (Hg.): The Philosophy of the Young Leibniz. Stuttgart 2009; Dingel, I.; Kempe, M.; Li, W. (Hg.): Leibniz in Mainz. Europäische Dimensionen der Mainzer Wirkungsperiode. Göttingen 2019.

21 Eine Liste der Leibniz-Marginalien in der Bibliotheca Boineburgica im Leibniz-Arbeitskatalog: https://leibniz-katalog.bbaw.de/ Für seine Mithilfe bei der Zusammenstellung der Liste von Leibniz' Marginalien möchte ich Stefan Luckscheiter herzlichen Dank sagen.

22 Schneider, H: Justitia Universalis. Frankfurt am Main 1967.

23 Barbeyrac, J.: The Judgment of an Anonymous Writer on the Original of This Abridgment [1718]. In: Pufendorf, S.: The Whole Duty of Man According to the Law of Nature. Transl. by Andrew Tooke, 1691. Ed. with an Introd. by I. Hunter and D. Saunders. Two Discourses and a Commentary by Jean Barbeyrac, transl. by D. Saunders. Indianapolis 2003 (= Natural Law and Enlightenment Classics. General Editor K. Haakonssen), S. 267–305; Thomasius, Chr.: Paulo plenior, historia iuris naturalis. Halle 1719.

Exponate

Johann Christian von Boyneburg: Tabulae In H. Grotii Ius Belli & Pacis, Argentorati: Paulli, 1663 (Bibliothek der Franckeschen Stiftungen: Sign.: 137 H 8 [1])

Johann Heinrich Boeckler: In Hugonis Grotii Ius Belli Et Pacis, Ad Illustrißimum Baronem Boineburgium Commentatio Jo. Henrici Boecleri, Argentorati: Paullus, 1663 (ULB Halle: Sign.: AB 155494 [1])

Christian Thomasius: Paulo Plenior, Historia Juris Naturalis: Cum Duplici Appendice I.Censuræ Boeclerianæ In Programma Rebhanii. II. Quinque Epistolarum A Pufendorfio, Conringio, Boeclero ad Boineburgium Scriptarum, Cum Notis, Obscuriora, Dubia, Falsa Illustrantibus Ac Refutantibus In Usum Auditorii Thomasiani, Halle: Salfeld, 1719 (ULB Halle: Sign.: Kc 3051 a [2])

CINDY BELLAMY

Tabulae of Hugo Grotius's *De iure belli ac pacis*

In the aftermath of the Thirty Years' War (1618–48), Protestant rulers, jurists, and professors across the Holy Roman Empire faced the difficult task of governing fragmented territories through a coherent legal framework. Hugo Grotius's *De iure belli ac pacis* became essential reading for training lawyers, administrators, and courtiers.[1] Yet its humanist style, heavily saturated with classical references and its occasional inconsistent logic, made this legal-philosophical text a challenge to teach.

One pedagogical solution emerged primarily within Protestant settings in the Holy Roman Empire in the form of branching tree diagrams titled *Tabulae*. These visual tools transformed Grotius's complex synthesis of Roman law, natural law, and theology[2] in the *De iure belli ac pacis* into clear, hierarchical representations. For these branching structures to bear the title *tabulae* signals a conceptual continuity with ancient and medieval practices of visual ordering, where the distinction between 'tables' and 'branching tree diagrams' was often flexible.

While common understanding holds that tables are arranged as orthogonal grids, fundamentally distinct from branching tree diagrams based on their visual and organisational differences,[3] this separation is neither conceptually definitive nor universally applicable. Both forms can represent the same abstract hierarchical data model, as demonstrated by visualisations that are simultaneously both tables and tree diagrams, from historical examples such as Isidore of Seville's *Tree of Consanguinity* (*Etymologies*, c. 1075 CE)[4] to modern computational visualisations.[5] The conceptual difficulty lies in recognising that both table and tree can be ontologically identical, if not also representationally, as informative forms supporting knowledge systems.[6]

This conceptualisation of the data model underlying both tabular and branching visual forms is reflected in the works of Johann Christian von Boineburg (1622–1672)[7], who used the tables of Matthias Biörnclau. Johann Heinrich Boecler (1611–1672),[8] Johann Philipp Müller (1630–1676),[9] Jacob Thomasius (1622–1684),[10] and Johan Paulin Olivekrans (1633–1707)[11] among others, who employed branching diagrams, which they termed *tabulae*, to clarify Grotius's complex legal-philosophical theory in *De iure belli ac pacis* (Abb. 10, 11).

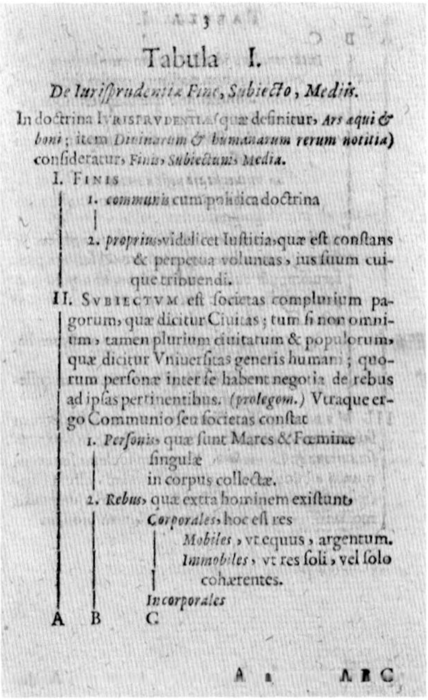

3

Tabula I.

De Iurisprudentiæ Fine, Subiecto, Mediis.

In doctrina IVRISPRVDENTIÆ (quæ definitur, *Ars æqui & boni*; item *Diuinarum & humanarum rerum notitia*) conſideratur, *Finis, Subiectum, Media.*

I. FINIS
1. *communis* cum politica doctrina
2. *proprius*, videlicet Iuſtitia, quæ eſt conſtans & perpetua voluntas, ius ſuum cuique tribuendi.

II. SVBIECTVM eſt ſocietas complurium pagorum, quæ dicitur Ciuitas; tum ſi non omnium, tamen plurium ciuitatum & populorum, quæ dicitur Vniuerſitas generis humani; quorum perſonæ inter ſe habent negotia de rebus ad ipſas pertinentibus. *(prolegom.)* Vtraque ergo Communio ſeu ſocietas conſtat
1. *Perſonis*, quæ ſunt Mares & Fœminæ
ſingulæ
in corpus collectæ.
2. *Rebus*, quæ extra hominem exiſtunt,
Corporales, hoc eſt res
Mobiles, vt equus, argentum.
Immobiles, vt res ſoli, vel ſolo cohærentes.
Incorporales

A B C

A 2 A B C

Abb. 10 Tables in the commentary of Johann Heinrich Boecler: In Hugonis Grotii Ius Belli Et Pacis, Ad Illustrißimum Baronem Boineburgium Commentatio Jo. Henrici Boecleri, Argentorati: Paullus, 1663 (ULB Halle: Sign.: Kt 210 [1])

These legal teaching branching diagrams reduced Grotius's complex humanist prose to simplified visual structures. In doing so, they functioned as active information devices that shaped understanding. By distilling discursive textual reasoning into spatial form, they imposed a hierarchical and deductive logic of order. Their use marked an evolution of legal education and aligned with broader Protestant and state-building goals.[12] To understand these diagrams' significance, this article will trace a deeper history, touching on ancient origins, branching diagrams' medieval development in manuscript culture and early modern Ramist popularisation, and their specific context in German Protestant universities for teaching Grotius.

The pattern of visual arrangements intertwined with authority has deep historical roots that reveal the persistent political dimensions of diagrammatic thought.[13] From some of their earliest origins

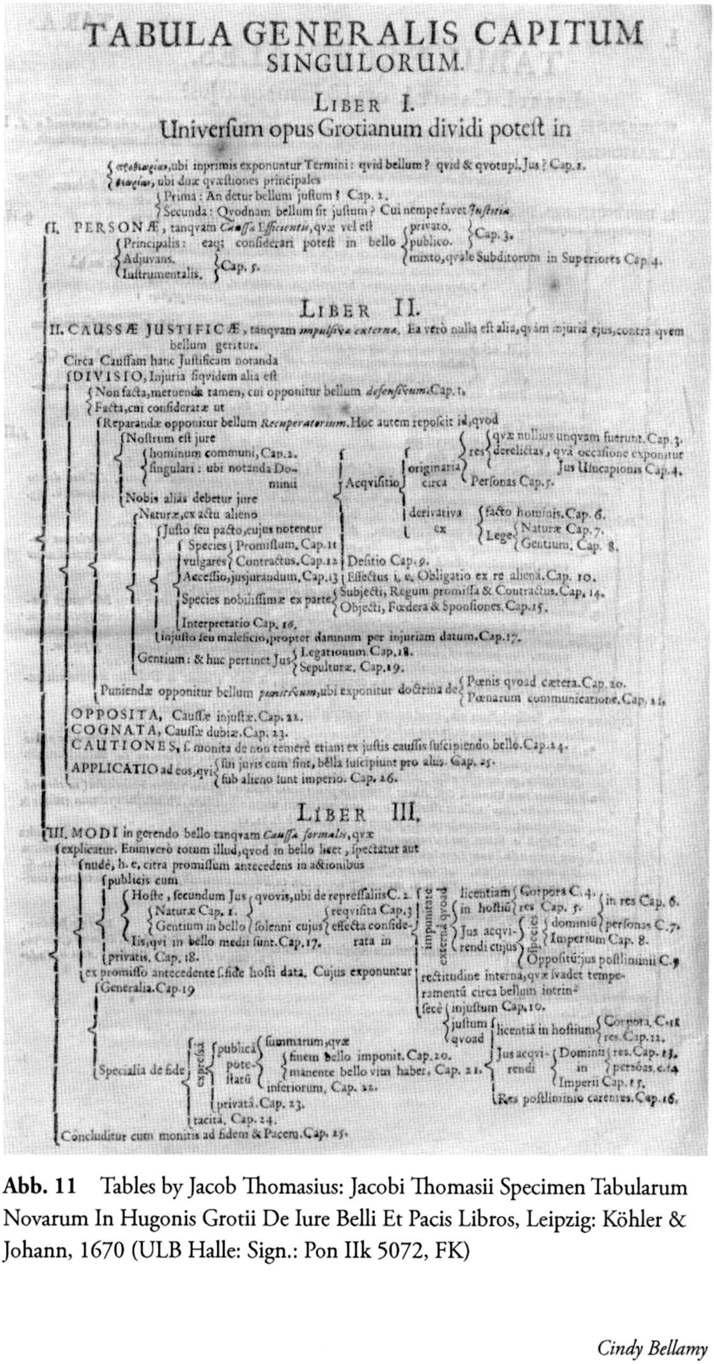

TABULA GENERALIS CAPITUM SINGULORUM.

LIBER I.

Universum opus Grotianum dividi potest in

προθεωρίαν, ubi inprimis exponuntur Termini: qvid bellum? qvid & qvotupl. Jus? Cap. 1.
θεωρίαν, ubi duæ qvæstiones principales
Prima: An detur bellum justum? Cap. 2.
Secunda: Qvodnam bellum sit justum? Cui nempe favet Justitia
I. PERSONÆ, tanqvam Caussa Efficientis, qvæ vel est
Principalis: eaq; considerari potest in bello privato, publico. Cap. 3. mixto, qvale Subditorum in Superiores Cap. 4.
Adjuvans. Instrumentalis. Cap. 5.

LIBER II.

II. CAUSSÆ JUSTIFICÆ, tanqvam impulsivæ externæ. Ea verò nulla est alia, qvàm injuria ejus, contra qvem bellum geritur.
Circa Caussam hanc Justificam notanda
DIVISIO, Injuria siqvidem alia est
Non facta, metuenda tamen, cui opponitur bellum defensivum. Cap. 1.
Facta, cui consideratæ ut
Reparandæ opponitur bellum Recuperatorium. Hoc autem reposcit id, qvod
Nostrum est jure
hominum communi, Cap. 2.
singulari: ubi notanda Dominii Acqvisitio originaria circa res qvæ nullius unqvam fuerunt. Cap. 3. derelictas, qvâ occasione exponitur Jus Usucapionis Cap. 4. Personas Cap. 5.
derivativa ex facto hominis. Cap. 6. Lege Naturæ Cap. 7. Gentium. Cap. 8.
Desitio Cap. 9.
Nobis aliàs debetur jure
Naturæ, ex actu alieno
Justo seu pacto, cujus notentur
Species vulgares Promissum. Cap. 11 Contractus. Cap. 12
Effectus i. e. Obligatio ex re aliena. Cap. 10.
Accessio, jusjurandum. Cap. 13
Species nobilissimæ ex parte Subjecti, Regum promissa & Contractus. Cap. 14. Objecti, Fœdera & Sponsiones. Cap. 15.
Interpretatio Cap. 16.
injusto seu maleficio, propter damnum per injuriam datum. Cap. 17.
Gentium: & huc pertinet Jus Legationum Cap. 18. Sepulturæ. Cap. 19.
Puniendæ opponitur bellum punitivum, ubi exponitur doctrina de Pœnis qvoad cætera. Cap. 20. Pœnarum communicatione. Cap. 21.
OPPOSITA, Caussæ injustæ. Cap. 22.
COGNATA, Caussæ dubiæ. Cap. 23.
CAUTIONES, s. monita de non temerè etiam ex justis caussis suscipiendo bello. Cap. 24.
APPLICATIO ad eos, qvi sui juris cum sint, bella suscipiunt pro aliis. Cap. 25. sub alieno sunt imperio. Cap. 26.

LIBER III.

III. MODI in gerendo bello tanqvam Caussa formalis, qvæ explicatur. Enimverò totum illud, qvod in bello licet, spectatur aut
nudè, h. e. citra promissum antecedens in actionibus
publicis cum
Hoste, secundum Jus Naturæ Cap. 1. Gentium in bello qvovis, ubi de repressaliis C. 2. solenni cujus reqvisita Cap. 3 effecta considerata in impunitate externa qvoad licentiam in hostiū Corpora C. 4. res Cap. 5. Jus acqvirendi cujus species in res Cap. 6. dominiū personas C. 7. Imperium Cap. 8. Oppositū: jus postliminii C. 9
Iis, qvi in bello medii sunt. Cap. 17.
privatis. Cap. 18.
ex promisso antecedente s. fide hosti data. Cujus exponuntur
Generalia. Cap. 19
rectitudine interna, qvæ svadet temperamentū circa bellum intrinsecè injustum Cap. 10.
justum qvoad licentiā in hostium Corpora. C. 11 res. Cap. 12. Jus acqvirendi Dominii in res. Cap. 13. persōas. c. 14 Imperii Cap. 15. Res postliminio carentes. Cap. 16.
Specialia de fide expressa publicâ potestatū summarum, qvæ finem bello imponit. Cap. 20. manente bello vim habet. Cap. 21. inferiorum, Cap. 22.
privatâ. Cap. 23.
tacitâ, Cap. 24.
Concluditur cum monitis ad fidem & Pacem. Cap. 25.

Abb. 11 Tables by Jacob Thomasius: Jacobi Thomasii Specimen Tabularum Novarum In Hugonis Grotii De Iure Belli Et Pacis Libros, Leipzig: Köhler & Johann, 1670 (ULB Halle: Sign.: Pon IIk 5072, FK) in ancient Mesopotamia, diagrammatic systems for visually organising information, such as clay tablets inscribed with civic obligations,[14] astronomical tables aligning schedules with authority,[15] or the columns of the Code of Hammurabi[16], were active instruments for shaping and regulating society.[17] Ancient Roman practices operated along similar lines. Administrative *tabulae* such as the *Tabulae Censoriae* structured data on population, property, and rights in spatial arrangements that both recorded and supported systems of governance.[18] In ancient civilisations such as these, constructed diagrammatic patterns were infused with authoritative meaning, which bound visual form to social order, making information visible and active. These ancient precedents illustrate a longstanding convergence between how data is arranged and how collective life is ordered. This is a logic that would persist, adapt, and find renewed significance in later legal and pedagogical contexts.[19]

Etymological lineage connects the conceptual basis of ancient diagrammatic forms to our current understanding of diagrams. In Ancient Greek, *gráphein* (γράφειν) meant 'to scratch,' 'etch,' 'carve,' or 'write,' typically referring to inscribing with a stylus on clay or wax tablets. When combined with *diá* (διά), meaning 'through' or 'across,' it forms *diagráphein* (διαγράφειν), meaning 'to mark out by lines' or 'to delineate.'[20] From *diagráphein* came the noun *diágramma* (διάγραμμα), with *grámma* (γράμμα, 'letter' or 'written mark'), which refers to a delineated figure, often a diagrammatic representation incorporating letters or labels.[21,22] More explicitly, it denoted data or ideas mapped into an informative, structured figure, or what we now consider a diagram.[23] Associated terms such as the Latin *tabula* originally referred to the physical writing surface, a hard tablet surface that could have been a wooden, wax tablet, stone, metal, or clay, and this meaning gradually evolved to denote the structured information arranged upon it, reflecting how the medium and message became conceptually intertwined.[24] The Latin *informare* originally meant 'to shape' or 'to instruct', literally, 'to give form to',[25] long before information came to mean raw data. These etymological roots converge on a key insight: diagrams function as visual arrangements that actively inform, in the original sense of giving form to thought, through their structural organisation.[26] This conception of diagrammatic form and function persisted and evolved from antiquity, never fully detaching from its political and epistemic implications.[27]

Medieval scholars were the first to illustrate the classification schemes of antiquity, such as Porphyry's schema, as actual branching tree diagrams, expanding their use across logic, law, theology, and pedagogy.[28] Medieval manuscript culture reproduced and elaborated the *Scala Praedicamentalis*, or Porphyry's Tree, a third-century conceptual schema representing Aristotle's *Categories* as a hierarchical, branching descent from the general (substance) to the particular (individual).[29] This trained the mind in paths of inclusion and exclusion. Contemporary to this, other medieval tree diagrams operated similarly but revealed structural variation according to their function. For instance, genealogical and family trees employed sprawling, multi-branching patterns to trace lineages and dynastic legitimacy.[30] Theological trees, representing virtues and vices, often featured layered, multi-forked branches reflecting complex moral hierarchies.[31] Pedagogical trees, such as those in Isidore of Seville's *Etymologies*, used multi-branching tree structures to visualise encyclopedic knowledge systems.[32] However, these diagrams were created manually and producing them was time-consuming, labour-intensive, and costly, limiting their circulation.

The advent of print enabled broader and more systematic use of diagrammatic forms across academic disciplines in early modern Europe.[33] The diagrams designed for *De iure belli ac pacis* took inspiration from Petrus Ramus, whose *Dialecticae Institutiones,* first printed in 1543 and later expanded from 1547 to include a printed diagram,[34] popularised branching tree diagrams. These displayed Ramus's single natural method of proceeding from the general to the particular.[35] Ramist diagrams served as visual instruments to eliminate ambiguity by enforcing choices at each logical junction, conveying systematic certainty through structured forks that reflected what Ramus saw as the natural order of knowledge.[36] This visual hierarchy aligned with the rationalist and deductive logic that gained prominence in the early modern period, particularly the Cartesian emphasis on a systematic method to achieve intellectual certainty.[37]

Ramist diagrammatic structures found particularly fertile ground within Protestant pedagogy across the Holy Roman Empire, where they were valued for their perceived capacity to reorganise knowledge efficiently and systematically in ideologically fragmented landscapes.[38] This came from a broader context of Ramism in intellectual circles across Europe.[39] In fields such as jurisprudence, theology, and natural philosophy, these branching diagrams offered a transferable model to demonstrate structured reasoning that could be adapted and practically applied across disciplines.[40] The reproducibility afforded by print culture enabled their widespread dissemination as tools of systematic knowledge-making that manuscript culture had not afforded.

Within the German pedagogical setting, the *tabulae* served several functions that transformed how *De iure belli ac pacis* was received and understood. First, these diagrams presented a more easily transmittable rationalist vision of law, where viewers could simultaneously see the whole system and its constituent parts, along with their interconnections. The visual hierarchy allowed students to comprehend the overall architecture of legal reasoning while following specific logical pathways. Second, the *tabulae* assisted in effective oral presentations during lectures, benefiting both oration and listening, facilitating a more immediate connection to the main outline of ideas being presented. Third, the visual impression of law as a rational, cohesive system worked to elevate its perceived status as a part of a formalised body of scientific knowledge endowed with social prestige and institutional authority.[41] Finally, the diagrams supported the practical training of state administrators, fulfilling Protestant rulers' goals for effective governance while securing patronage for academic institutions.

The *tabulae* amplified Grotius's methodological aspirations.[42] Where Grotius had declared in the Prolegomena that 'as mathematicians consider their figures as abstracted from bodies, so did I, in treating of rights, abstract my mind from every particular fact,'[43] the *tabulae* drove forward this methodological abstraction by presenting his legal-philosophical theory as a principled and deductively ordered whole, giving it the appearance of a demonstrable science through their structured form.

The broader significance of these diagrams extends beyond pedagogy into the realm of statecraft and governance. In the Protestant universities of the Holy Roman Empire, where professors were frequently also state servants, the legal diagram became part of the broader apparatus of territorial administration. The structure of the branching *tabula*, with its deductive rationalism, offered a mode of thinking particularly attuned to administrative order and systematic governance. As Brendecke observes, tables and diagrammatic arrangements create an "intermediate level of observation" that enables "an instance of power, whose eye and decision the entire material is subject to."[44] This perspective exemplifies broader absolutist aims for governance that found the *tabulae* of *De iure belli ac pacis* agreeable at the educational level. The diagrams can therefore be understood as a visual grammar of administrative authority. The older Latin sense of *informare*, meaning to shape the mind, remains apt here. These diagrams invited engagement in an informative way while producing legal literacy tied to governance and statecraft.

These pedagogical branching diagrams that made *De iure belli ac pacis* legible to students reveal the enduring function of visual information devices as tools for giving form to thought. The seventeenth-century practitioners who created these *tabulae* understood that both tables and diagrams operate as structured visual information devices designed to inform in the original Latin sense of *informare*, to shape and instruct through their organisation of meaningful relations between data. By transforming discursive legal reasoning into spatial hierarchies, these diagrams continued the longstanding tradition of using visual structure to introduce complex thought systems as comprehensible and transmittable, often linked with power structures. The Protestant pedagogical settings of the Holy Roman Empire provided a new context for an ancient practice of using structured visual information devices to inform, educate, and organise intellectual life.

Endnotes

1 Hochstrasser, T. J.: Natural Law Theories in the Early Enlightenment. Cambridge University Press, Cambridge 2000; Hunter, I.: Natural Law as Political Philosophy. In: Clarke, D. M.; Wilson, C. (ed.): The Oxford Handbook of Philosophy in Early Modern Europe. Oxford University Press, Oxford 2011; Kersting, W.: Politics. In: Haakonssen, K. (ed.): The Cambridge History of Eighteenth-Century Philosophy. Cambridge University Press, Cambridge 2000. p. 1027–1035.

2 Grotius, H.; Neff, S. C.: On the Law of War and Peace. Cambridge University Press, Cambridge 2012.

3 Blair, A. M.: Reference Genres and Their Finding Devices. In: Too Much to Know: Managing Scholarly Information before the Modern Age. Yale University Press, New Haven 2010. p. 117–72.

4 Isidore of Seville. Etymologies. London (UK): British Library; [c. 1075 CE]. Royal MS 6 C.i, fol. 78v.

5 Görgen, K.; Smith, J. Q.: Equivalence Classes of Staged Trees. Bernoulli 2018. Nov; 24 (4A) p. 2676–2692; Lien, Y. E.: On the Equivalence of Database Models. In: Journal of the ACM (JACM) 1982. Apr 1; 29 (2) p. 333–362; van den Elzen, S.; van Wijk, J. J.: Multivariate Network Exploration and Presentation: From Detail to Overview via Selections and Aggregations. In: IEEE Transactions on Visualization and Computer Graphics 2014. Vol. 20, no. 12, p. 2310–2319.

6 Lien, Y. E.: On the Equivalence of Database Models. In: Journal of the ACM (JACM) 1982. Apr 1; 29 (2) p. 333–362.

7 Boineburg, J. C. v.: Tabulae in H. Grotii Ius Belli & Pacis. Argentorati. Paulli, Strasbourg 1663.

8 Boecler, J. H.: In Hugonis Grotii Iuris Belli et Pacis Lib. II. cap. priora VII. Ad Illustrissimum Baronem Boineburgium Commentatio. Waechtlerus, Gießen 1687.

9 Müller, J.: Hugonis Grotii De iure, in Tabulas redactum. Gerlachus, Beckenstein & Fievettus, Frankfurt 1664.
10 Thomasius, J.: Specimen Tabularum Novarum in Hugonis Grotii De Iure Belli Et Pacis Libros. Literis Colerianis, Leipzig 1670.
11 Olivekrans, J. P.: Tabulae in Hugonis Grotii De Iure Belli ac Pacis Libros. Reumannus, Kiel 1688. Table by Biörnclovius, M. (1640).
12 Hochstrasser, T. J.: Natural Law Theories in the Early Enlightenment. Cambridge University Press, Cambridge 2000; Hunter, I.: Natural Law as Political Philosophy. In: Clarke, D. M.; Wilson, C. (ed.): The Oxford Handbook of Philosophy in Early Modern Europe. Oxford University Press, Oxford 2011.
13 Bod, R.: World of Patterns: A Global History of Knowledge. Johns Hopkins University Press, Baltimore 2022.
14 Garbutt, D.: Significance of Ancient Mesopotamia in Accounting History. In: Accounting Historians Journal, Vol. 11 (Iss. 1, Article 5), American Accounting Association 1984.
15 Hunger, H., Pingree, D.: Astral Sciences in Mesopotamia. Brill, Leiden 1999.
16 Petschow, H.: Zur Systematik und Gesetzestechnik im Codex Hammurabi. In: Zeitschrift für Assyriologie und Vorderasiatische Archäologie 57 (1965), p. 146–172; Van De Mieroop, M.: Philosophy before the Greeks: The Pursuit of Truth in Ancient Babylonia. Princeton University Press 2016.
17 Charpin, D.: Writing, Law, and Kingship in Old Babylonian Mesopotamia. University of Chicago Press, Chicago 2010.
18 Smith, W.; Wayte, W.; Marindin, G. E.: Censor. In: A Dictionary of Greek and Roman Antiquities. John Murray, London 1890. Available from: Perseus Digital Library.
19 Bod, R.: World of Patterns: A Global History of Knowledge. Johns Hopkins University Press, Baltimore 2022.
20 Liddell, H. G.; Scott, R.: A Greek-English Lexicon. Revised by H. S. Jones & R. McKenzie. Clarendon Press, Oxford 1940.
21 Ibid.
22 Netz, R.: The lettered diagram. In: The Shaping of Deduction in Greek Mathematics: A Study in Cognitive History. Ideas in Context. Cambridge University Press 1999. p. 34–37.
23 Ibid.
24 Glare, P. G. W. (ed.): Tabula. In: Oxford Latin Dictionary. Oxford University Press 1982.

25 Lewis, C. T., Short, C.: informo. In: A Latin Dictionary. Clarendon Press, Oxford 1879. Available from: Perseus Digital Library.
26 Netz, R.: The Shaping of Deduction in Greek Mathematics: A Study in Cognitive History. Ideas in Context. Cambridge University Press 1999; Shin, S.-J.; Lemon, O.; Mumma, J.: Diagrams, The Stanford Encyclopedia of Philosophy Edward N. Zalta (ed.). (Winter 2018 Edition).
27 Bod, R.: World of Patterns: A Global History of Knowledge. Johns Hopkins University Press, Baltimore 2022; Elkins, J.: Diagrammatics. In: The Domain of Images. Cornell University Press, 1999.
28 Lima, M.: The Book of Trees: Visualizing Branches of Knowledge. Princeton Architectural Press, New York 2014.
29 Eco, U., Oldcorn, A.: From the Tree to the Labyrinth: Historical Studies on the Sign and Interpretation. Harvard University Press, Cambridge, MA 2014; Verboon, A. R.: The Medieval Tree of Porphyry: An Organic Structure of Logic. In: The Tree: Symbol, Allegory, and Mnemonic Device in Medieval Art and Thought. Brepols 2014 (International Medieval Research; vol. 20).
30 Lima, M.: The Book of Trees: Visualizing Branches of Knowledge. Princeton Architectural Press, New York 2014.
31 Ibid.
32 Barney, S. A.; Lewis, W. J.; Beach, J. A.; Berghof, O. (ed.): Introduction. In: The Etymologies of Isidore of Seville. Cambridge University Press, Cambridge 2006. p. 3–28; Fear, A. T.; Wood, J.: Isidore of Seville and the Etymologies. In: A Companion to Isidore of Seville. Brill, Leiden 2020; Lima, M.: The Book of Trees: Visualizing Branches of Knowledge. Princeton Architectural Press, New York 2014.
33 Eddy, M. D.: Diagrams. In: Blair, A., Duguid, P.; Goeing A. S.; Grafton A. (ed.): Information: A Historical Companion. Princeton University Press, Princeton 2021. p. 397–401; Ridder-Symoens, H. de: A History of the University in Europe. Vol. 2. Cambridge University Press, Cambridge 1996; Steiner, B.: Die Ordnung der Geschichte: Historische Tabellenwerke in der Frühen Neuzeit. Böhlau, Cologne 2008.
34 Ramus, P.: Veromandui Institutionum Dialecticarum Libri Tres, ed. with commentary by Audomarus Talaeus. Matthaeus David, Paris 1550; Strazzoni, A.: Ramism. In: Sgarbi, M. (ed.): Encyclopedia of Renaissance Philosophy. Springer, Cham 2022.
35 Ramus, P.: Veromandui Institutionum Dialecticarum Libri Tres, ed. with commentary by Audomarus Talaeus. Matthaeus David, Paris 1550.
36 Sellberg, E.: Petrus Ramus. Stanford Encyclopedia of Philosophy. Stanford

University 2024, Nov 19; Strazzoni, A.: Ramism. In: Sgarbi, M. (ed.): Encyclopedia of Renaissance Philosophy. Springer, Cham 2022.
37 Cottingham, J. (ed.): The Cambridge Companion to Descartes. Cambridge University Press, Cambridge 1992.
38 Hotson, H.: Commonplace Learning: Ramism and its German Ramifications, 1543–1630. Oxford University Press, Oxford 2007.
39 Ong, W. J.: Ramus, Method and the Decay of Dialogue. Harvard University Press, Cambridge (MA) 1958; Ridder-Symoens, H. de: A History of the University in Europe. Vol. 2. Cambridge University Press, Cambridge 1996.
40 Hotson, H.: Commonplace Learning: Ramism and its German Ramifications, 1543–1630. Oxford University Press, Oxford 2007; Ridder-Symoens, H. de: A History of the University in Europe. Vol. 2. Cambridge University Press, Cambridge 1996.
41 Scattola, M.: Scientia Iuris and Ius Naturae: The Jurisprudence of the Holy Roman Empire in the Seventeenth and Eighteenth Centuries. In: Pattaro, E.; Canale, D.; Grossi, P.; Hofmann, H.; Riley, P. (ed.): A Treatise of Legal Philosophy and General Jurisprudence. Springer, Dordrecht 2009.
42 Dufour, A.: L'influence de la méthodologie des sciences physiques et mathématiques sur les Fondateurs de l'Ecole du Droit naturel Moderne (Grotius, Hobbes, Pufendorf). Grotiana 1980; 1 (1): 33–52.
43 Grotius, H.: Prolegomena. In: Grotius on the Rights of War and Peace: an abridged translation. Trans. Whewell W. Parker, J. W., London 1853.
44 Brendecke, A.: Information in tabellarischer Disposition. In: Grunert, F.; Syndikus, A. (ed.): Wissensspeicher der Frühen Neuzeit: Formen und Funktionen. De Gruyter, Berlin 2015. p. 43–59.

Exhibits

Jacob Thomasius: Specimen Tabularum Novarum In Hugonis Grotii De Iure Belli Et Pacis Libros, Leipzig: Köhler & Johann, 1670 (ULB Halle: Sign.: Pon IIk 5072, FK)

Johann Heinrich Boecler: In Hugonis Grotii Ius Belli Et Pacis, Ad Illustrißimum Baronem Boineburgium Commentatio Jo. Henrici Boecleri, Straßburg: Argentorati & Paullus, 1663 (ULB Halle: Sign.: AB 155494 [1])

Johann Philipp Müller, Hugo Grotius: Hugonis Grotii Liber De Iure Belli Ac Pacis In Tabulas Quondam Redactus / Studio Johannis Philippi Mulleri Nunc Publici Iuris factus, Frankfurt, Main: Gerlach, Beckenstein & Fievet, 1664 (ULB Halle: Sign.: 130 A 5 [1])

JONAS LIEBING

„Einer derer gelehrtesten und berühmtesten Männer“. Hugo Grotius in Nachschlagewerken des 18. Jahrhunderts

In der Einleitung zu einem den Nachschlagewerken gewidmeten Themenheft der Zeitschrift *Das Achtzehnte Jahrhundert* schreibt Carsten Zelle Enzyklopädien, Lexika und Wörterbüchern eine „doppelte Funktion“ zu: „Einerseits sind sie Repräsentanten des Wissens, das in einer Epoche als ‚Wahrheit‘ kanonisiert worden ist, andererseits sind sie selbst Institutionen, die so zu einer Kanonisierung wesentlich beitragen“.[1] Auf der einen Seite zeigen Nachschlagewerke, welches Wissen bisher in den Kanon der Epoche eingegangen war, und auf der anderen Seite präsentierten sie neues Wissen mit dessen Hilfe sie den bestehenden Kanon modifizierten oder weiterentwickelten. Folgt man dem, so sind Nachschlagewerke für die Frage nach der Rezeption der Werke von Hugo Grotius im 18. Jahrhundert eine durchaus wichtige Quelle, da sie zum einen zeigen, was und wie in der Epoche von Grotius rezipiert wurde, zum anderen zeigen sie, was für ein Bild von Grotius und seinem Werk der Autor eines Grotius gewidmeten Artikels im Rahmen des jeweiligen Nachschlagewerks vermitteln wollte. Dabei gilt, was Helga Brandes in ihrer Untersuchung zum *Frauenzimmer-Lexicon* feststellte, dass nämlich Nachschlagewerke des 18. Jahrhunderts „der aufklärerischen Absicht“ entgegenkamen, „einem breiteren Publikum Wissen, Bildung und nützliche Erkenntnisse zu vermitteln“, auch für die Vermittlung eines Bildes von Hugo Grotius. Mit Hilfe von Nachschlagewerken konnte im „autodidaktischen Studium – außerhalb der Universität und ohne Lateinkenntnisse“[2] ein Zugang zum Werk von Hugo Grotius ermöglicht werden, auch wenn natürlich dieselben Nachschlagewerke immer auch in der innerakademischen Wahrnehmung von Grotius' Œuvre eine Rolle spielten.

Für den folgenden Artikel sollen einige Nachschlagewerke auf Einträge zu oder Referenzen auf Hugo Grotius untersucht werden. Zuallererst wird hierbei nach Einträgen zu Hugo Grotius selbst gesucht, sollten diese nicht existieren, so wird nach Referenzen auf Grotius in Artikeln zum Naturrecht oder zu angrenzenden Disziplinen gesucht. Ziel ist es hierbei, sowohl das allgemeine Bild des niederländischen Gelehrten nachzuvollziehen als auch die Würdigung zu rekonstruieren, die den Werken von Grotius in den jeweiligen Nachschlagewerken zuteilwird. Dabei kann im hier gegebenen Rahmen nur eine kleine Auswahl von Nachschlagewerken abrissartig betrachtet werden. Weil das an der Erhebung und Ordnung des gegebenen Wissens besonders interessierte 18. Jahrhundert eine kaum zu überblickende Anzahl unterschiedlicher Wissensspeicher hervorgebracht hat, beschränkt sich die folgende Darstellung auf Quellen, die im 18. Jahrhundert prominent waren und auch in Halle eine hervorgehobene Rolle spielten.

1 „Einer der grössesten Gelehrten neuer Zeit": Johann Georg Walchs *Philosophisches Lexicon* (1726)

Der protestantische Theologe Johann Georg Walch (1693–1775) veröffentlichte 1726 die erste Auflage seines *Philosophischen Lexicons* (Abb. 12). Als Vorbild diente ihm vor allem das lateinische *Lexicon Philosophicum* von Étienne Chauvin (1640–1725), dem er allerdings mangelnde Ausführlichkeit und eine starke Orientierung am Cartesianismus zum Vorwurf machte.[3] Walchs *Lexicon* ist in deutscher Sprache verfasst worden, die noch verbliebenen lateinischen Stichworte waren nach eigenen Angaben deswegen notwendig, weil viele Begriffe noch keine deutschen Äquivalente hatten.[4] Methodisch stützt sich Walch auf Christian Thomasius und Johann Franz Budde und versteht sich selbst im Sinne seiner Lehrer als eklektischen Philosophen.[5] Dieser eklektische Anspruch findet sich im Aufbau der einzelnen Einträge wieder: Die Begriffe werden in ihrer historischen Genese betrachtet und zu ihrer semantischen Bestimmung werden die Arbeiten unterschiedlicher Autoren herangezogen, dabei werden die Referenzen kenntlich gemacht und wichtige Literatur in der Regel am Ende der Einträge in einer Literaturliste aufgeführt.

Abb. 12 Johann Georg Walch (1693–1775) (Privatbesitz, Foto: Martin Kühnel)

In seinem *Philosophischen Lexikon* hat Walch auf Artikel zu Personen verzichtet, es handelt sich um ein reines Begriffslexikon. Allerdings ist Grotius in einer Vielzahl unterschiedlicher Einträge präsent: Im Lemma „Gesetz der Natur" bezieht er sich mehrfach auf Grotius, etwa wenn es um das Verhältnis zwischen zivilem und natürlichem Recht geht, und am Ende des Eintrags gibt er eine Liste der „vorzüglichsten Schriften des Naturrechts", wobei *De iure belli ac pacis* an erster Stelle steht.[6] Der Grotius zugestandene wissenschaftliche Rang wird zudem auf Anhieb deutlich, wenn die im Lemma „Recht" gebotene Definition des Rechts auf Ausführungen in *De iure belli ac pacis* zurückgeführt wird.[7]

Die zweite Auflage des *Philosophischen Lexicons* von 1740 wird durch biografische Angaben zu gelehrten Persönlichkeiten ergänzt. Den Eintrag zu Grotius eröffnet Walch gleich mit dem Hinweis darauf, dass Grotius einer „der grössesten Gelehrten neuer Zeit" sei,[8] der bereits als Neunjähriger „solche Gedichte" verfasst habe, „welche das Lob der grösstesten Kenner verdienten".[9] Von Grotius' Lebensweg wird insbesondere seiner Gefangennahme im Zuge seiner Rolle im

Streit zwischen Remonstranten und Contra-Remonstranten sowie seiner spektakulären Flucht in einer Bücherkiste Aufmerksamkeit geschenkt. In diesem Zusammenhang berichtet Walch davon, dass Grotius vorgeworfen wurde, „zum Nachtheil der Reformirten Kirche und des gesammten Staats“ die Arminianer unterstützt zu haben, und scheint Grotius’ Unschuldsbeteuerungen offenbar keinen Glauben zu schenken, denn er fügt seinen Ausführungen die Einschätzung hinzu, dass Grotius „auch eben so gar unschuldig nicht“ gewesen sei.[10] Die lebenslängliche Haft hätte Grotius absitzen müssen, wenn ihn nicht „seyne Ehefrau, ehe zwey Jahre volle Jahre verlauffen gewesen, auf listige Weise in einem Bücher-Schranck heimlich hinweg gebracht hätte“.[11]

Die Rezeption von Grotius im *Philosophischen Lexicon* besteht vor allem in der Arbeit mit seinem Werk. In zahlreichen Einzeleinträgen wird insbesondere auf „das unsterbliche Werck“[12] *De iure belli ac pacis* hingewiesen, wobei das der dritten Auflage des *Lexicons* beigegebene Personenregister für die Autoren der herangezogenen Werke deutlich macht, dass Grotius für 29 verschiedene Themen als Referenz angeführt wird, während John Locke nur auf 9 und Thomas Hobbes immerhin noch auf 18 thematische Referenzen kommt. Der wissenschaftliche Rang von Grotius wird insofern von Walch nicht nur beteuert, sondern durch die konstruktive Einbindung in die begriffliche Arbeit geradezu praktisch bestätigt.

2 „Einer derer gelehrtesten und berühmtesten Männer“: Zedlers *Universal-Lexicon* (1739)

Eines der wohl bekanntesten Nachschlagewerke des 18. Jahrhunderts ist das von Johann Heinrich Zedler (1706–1751) herausgegebene *Grosse vollständige Universal-Lexicon*. Wie Ulrich Johannes Schneider betont, handelt es sich bei diesem Werk um das „mit Abstand größte allgemeine Lexikon des 18. Jahrhunderts“.[13] Von den fast 300.000 Einträgen des zwischen 1731 und 1754 in 64 Bänden erschienenen Lexikons sind etwa 120.000 einzelnen Personen gewidmet.[14] Zedler selbst fungierte als Herausgeber und Koordinator des Projektes,[15] seine Mitarbeiter und Autoren lassen sich zwar in Einzelfällen erschließen, sind aber – weil die Artikel anonym erschienen sind – weitgehend unbekannt.[16]

Der Eintrag zu dem Rechtsgelehrten Hugo Grotius ist vor allem an vergleichsweise ausführlichen biografischen Einzelheiten interessiert. Grotius – einer „derer gelehrtesten und berühmtesten Männer"[17] – sei schon früh als eine Art Wunderkind aufgefallen, denn „gleich von Kindheit auf spürte man an ihm ein herrliches *Ingenium*, und im 9. Jahr konnte er schon vortrefliche *Specimina* in der Poesie ablegen, so daß er von denen grösten *Criticis* gelobt wurde".[18] Es folgen Hinweise zu seinem Studium der Philosophie, Theologie und Jurisprudenz in Leiden ab 1595 und zu seiner Teilnahme an einer Gesandtschaftsreise nach Frankreich, wo er „von König Henrico dem grossen zum Hand-Kuß gelassen und königlich beschencket wurde" und sich „derer gelehrtesten Männer Gewogenheit erwarb". Während die anschließende Einschreibung „unter die Advocaten" in Den Haag, Grotius' Reise nach England, um dort für die Niederlande in „Streitigkeiten wegen derer Indianischen Commercien"[19] zu verhandeln und seine Zeit als Syndikus von Rotterdam im Zedler zu Grotius' glücklichen Zeiten gezählt werden, wird das Jahr 1619 als ein Wendepunkt beschrieben: „Bisher war Grotius in allen seinen Verrichtungen ziemlich glücklich gewesen und hatte in einem vergnügten Zustande gelebet; nunmehro gieng das Unglück Hauffen-Weise an".[20] Ohne auf die politischen Hintergründe näher einzugehen, werden die „Arminianischen Händel" als Ursache für Grotius' Gefangenschaft und seine am 12. Mai 1619 erfolgte Verurteilung zu lebenslanger Haft auf der Festung Loevestein angeführt. Die von Grotius' Frau, Maria von Reigersbergh, eingefädelte und mit weiteren Helfern erfolgreich durchgeführte Flucht in einer Bücherkiste ist dem Verfasser des Artikels eine vergleichsweise detailreiche Dar-

Abb. 13 Kupferstich von Fokke Simon (1754): Hugo Grotius (links) steigt in die Bücherkiste neben ihm seine Frau Maria van Reigersbergh (rechts) (Privatbesitz, Foto: Martin Kühnel)

stellung wert. Dabei steht Marias Agieren im Zentrum; betont wird, dass ihre beispielgebende Treue von jedermann bewundert wurde und selbst die Prinzessin von Conde habe – so wird berichtet – bedauert, ihrem ebenfalls gefangenen Ehemann nicht in gleicher Weise geholfen zu haben. Die „Treue" Marias als Vorbild und Inbegriff der bürgerlichen Ehefrau sollte schon bald zum Topos bildlicher Darstellungen werden (Abb. 13). Der Artikel folgt dem weiteren Lebenslauf: von der Aufnahme in Paris, den vergeblichen Versuchen, in die Niederlande zurückzukehren, über die Position als Botschafter von Schweden am französischen Hof, bis schließlich zur Demissionierung und dem Schiffbruch vor Rostock, an dessen Folgen Grotius schließlich am 18. August 1645 starb.

Am Werk von Hugo Grotius zeigt der Artikel kaum Interesse,

zwar wird betont, dass Grotius nicht nur „in der Litteratur […] sehr exellierte“, sondern „sich auch den Ruhm eines unparteyischen Historici, eines geschickten Rechts-Gelehrten und eines herrlichen Poeten“ erworben habe, worin jedoch dieser Ruhm begründet sei, erfahren die Leser und die Leserinnen nicht.[21] Immerhin listet Zedler noch eine Vielzahl von Werken und deren Ausgaben auf, allen voran natürlich *De iure belli ac pacis.* Als Frucht bibliographischer Recherchen, die sich zweifellos auf die Bestände und Kataloge im Umfeld der Verlagsorte Leipzig und Halle beziehen konnten, führt er 36 Ausgaben in unterschiedlichen Sprachen und viele weitere „Commentatores“ auf. Angesichts des vornehmlich biographischen Interesses, das ganz offensichtlich die Unterhaltungswünsche seiner Leser und Leserinnen im Blick hat, erstaunt dieser bibliographische Eifer des Artikels. Er könnte auf zweierlei hindeuten: Zum einen wird damit einer akademischen Leserschaft oder wenigstens akademisch interessierten Lesern und Leserinnen ein bibliographisches Angebot gemacht, das sich nicht so einfach reproduzieren ließ, und zum anderen blieb man mit der Konzentration auf Grotius' Biografie auf der sicheren Seite, denn Grotius' komplexes juristisches und theologisches Werk war nicht unumstritten und erforderte eine beträchtliche Sachkenntnis, die den Verfasser eines Lexikonartikels schnell überfordern konnte.

3 „Einen sehr berühmten und gelehrten Literator“: Christian Gottlieb Jöchers *Allgemeines Gelehrten-Lexicon* (1750)

Christian Gottlieb Jöcher (1694–1758) gab zwischen 1750 und 1751 das *Allgemeine Gelehrten-Lexicon* heraus, welches nach eigenen Angaben das Ziel hatte, alle Gelehrten unabhängig vom Geschlecht und der Epoche ihres Wirkens aufzuführen. Das ist ein wesentlicher Unterschied zu Zedlers *Universal-Lexicon*, denn Jöcher hat ein reines Personenlexikon erstellt.

Der Umfang der einzelnen Einträge schwankt zwischen wenigen Zeilen und mehreren Spalten; mit etwa vier Spalten gehört der Eintrag zu Hugo Grotius zu den ausführlicheren Artikeln. Jöcher geht hier ähnlich vor wie Zedler und will offensichtlich vor allem eine biografische Darstellung bieten, die ein möglichst klares, auch physiognomisches Bild von Grotius liefert: „Er war von mittlerer Grösse, hatte röthliche Wangen und eine grosse Stirn, braune Haare, ein spitziges Kinn, welches so wohl als die Ober Lippe mit einem Bärtgen bedeckt war; eine Habichts-Nase, funckelnde Augen, und starke Glieder."[22] Zwar wird Grotius von Jöcher gleich zu Beginn des Eintrags und gewissermaßen topisch als ein „sehr berühmte[r] und gelehrte[r] Literator, Historicus, Theologus, JCtus, Politicus und Poet" eingeführt, doch unterlässt auch Jöcher Hinweise auf die sachlichen Gründe für den allenthalben konstatierten Ruhm, stattdessen konzentriert er sich mehr noch als Zedler auf anekdotische Einzelheiten. Dabei wird die ansonsten ausgiebig dargestellte Fluchtgeschichte allerdings in nur einem einzigen Satz recht knapp abgehandelt: nach zwei Jahren Gefangenschaft „packte ihn seine Ehe-Liebste in einen Kasten, und schaffte ihn in demselben [...] nach Gorcum", von da aus ging es weiter nach Antwerpen und Paris, „allwo er von dem König mit einer Pension von 3000 Pfunden begnadigt wurde".[23] Ebenso kurios wie unerheblich ist die Mitteilung, der „Cardinal de Valette" habe „in einer Assemblee bey der Königin von Franckreich" sich ausgerechnet gegenüber der ihm unbekannten Tochter von Hugo Grotius über die Körpergröße ihrer Mutter lustig gemacht. Immerhin ist auffallend, dass Grotius' Position in den Auseinandersetzungen zwischen Remonstranten und Contra-Remonstranten anders bewertetet wird als zuvor im Zedler: Während in *Zedlers Universal-Lexicon* Grotius' Unschuld in Zweifel gezogen wird, legt Jöcher mit der Formulierung, man habe Grotius nach dessen Rückkehr aus England in die arminianischen Streitigkeiten „vermengt", nahe, dass Grotius unfreiwillig in die konfessionelle Kontroverse hineingezogen wurde.

Obwohl Jöcher noch eine grob chronologisch geordnete Literaturliste von Grotius' Schriften liefert, allerdings beschränkt auf die Nennung der Titel und ohne weitere bibliographischen Angaben, unterbleiben weitere Ausführungen zum Werk. Der narrative Duktus und das vornehmlich anekdotische Interesse lassen vermuten, dass Jöcher – trotz des Titels seines Werkes – am Ende doch keine akademische Zielgruppe vor Augen hatte.

4 „Le célebre Grotius": Diderots und d'Alemberts *Encyclopédie* (1755)

Es gibt in der *Encyclopédie* keinen direkten Artikel zu Grotius, im Eintrag zum Naturrecht („Droit de la nature, ou Droit naturel") wird er jedoch als die zentrale Figur der Naturrechtsgeschichte prominent eingeführt. Bereits bei seiner ersten Nennung wird ihm das Attribut „berühmt" verliehen („le célebre Grotius").[24] Die Autoren der *Encyclopédie* sehen in ihm den Begründer eines systematischen Naturrechtsdenkens und würdigen ihn als „den ersten, der ein System des Naturrechts" ausgearbeitet habe („le célebre Grotius est le premier qui ait formé un système du droit naturel").[25] Der eine historische Darstellung bietende Überblicksartikel befasst sich sachlich mit Grotius' grundlegenden Ausführungen, insbesondere in den „Prolegomena" von *De iure belli ac pacis*: die Definition des Rechts, seine Unterscheidung zwischen positivem Recht und Naturrecht und die Ableitung des Naturrechts aus der „rechten Vernunft" („recta ratio") werden knapp jedoch sachlich korrekt dargestellt.

Dabei wird einerseits hervorgehoben, dass sich die Erkenntnis des Naturrechts einem vernunftgeleiteten und systematischen Verfahren verdanke, so dass einerseits die moralische Qualität einer Handlung durch ihre Übereinstimmung oder Nichtübereinstimmung mit der „vernünftigen und geselligen" Natur des Menschen bestimmt wird, und andererseits wird die Natur selbst und die daraus abgeleiteten

Normen Gott als Schöpfer zugeschrieben. Gerade dieser göttliche Ursprung des Naturrechts wird in dem Artikel auch an anderen Stellen immer wieder betont: „Le droit naturel consiste, selon lui, dans certains principes de la droite raison, qui nous font connoître qu'une action est moralement honnête ou deshonnête, selon la convenance ou disconvenance nécessaire qu'elle a avec une nature raisonnable & sociable; & par conséquent que Dieu qui est l'auteur de la nature, ordonne ou défend une telle action.".[26]

Obwohl Grotius' Werk den Schwerpunkt auf das Kriegsrecht und das Völkerrecht lege, weist der Artikel darauf hin, dass es dennoch zahlreiche weitere Kapitel enthält, die unmittelbar dem Naturrecht zuzuordnen sind. Diese betreffen Themen wie das Recht auf Selbstverteidigung, das Gemeingut der Menschen, die Aneignung von Dingen, das Eherecht, das Recht der Eltern über ihre Kinder, das Erbrecht, die Vertrags- und Eidpflichten, den Schutz vor ungerechtem Schaden sowie das Recht der Gesandtschaft und des Begräbnisses.[27]

Der Artikel der *Encyclopédie* zeichnet ein klar umrissenes, vorwiegend theoriegeschichtliches Bild von Hugo Grotius als Begründer eines systematisch ausgeführten Naturrechtsdenkens. Der Fokus liegt nicht auf seiner Biografie oder seiner politischen Tätigkeit, anders als bei Zedler und Jöcher, vielmehr geht es um die theoretische Fundierung und die Definition des Naturrechts.

Fazit

In allen vier vorgestellten Nachschlagewerken wird Hugo Grotius aus einer je eigenen Perspektive dargestellt und sein Wirken entsprechend gewichtet. In fast jedem der hier herangezogenen Werke bekommt er das Attribut „berühmt" oder „groß", teilweise sogar im Superlativ, zugeschrieben. Dabei spielt vor allem seine Gelehrsamkeit als eine persönliche Qualität eine Rolle, die ihren Rang durch die Universalität seiner Bildung und die Anerkennung der gelehrten Welt erlangt.

Wenn Hugo Grotius in der *Encyclopédie* an den Anfang einer modernen Naturrechtsgeschichte gestellt wird, wird hier der Effekt der sogenannten „Grotius-Legende" erkennbar, die den Niederländer als den ersten Exponenten eines systematischen und säkular-rationalen Naturrechts begreift.[28] Doch dabei bleibt es nicht. Dies zeigt sich, wenn man sich den Hugo Grotius gewidmeten Artikel in der zwischen 1818 bis 1889 erschienenen *Allgemeinen Encyclopädie der Wissenschaften und Künste* vergegenwärtigt, die von Johann Samuel Ersch (1766–1828) und Johann Gottfried Gruber (1774–1851) begonnen und später von anderen weitergeführt wurde. Dieser Artikel aus der ersten Sektion des Werkes zeigt ein distanzierteres Bild von Grotius. Das monumentale Nachschlagewerk lässt im Gegensatz zu den Arbeiten aus dem 18. Jahrhundert bereits eine moderne geschichtswissenschaftliche Methodik erkennen. So fällt sofort auf, dass der Eintrag nicht mit einer Laudatio einsetzt, vielmehr wird sachlich festgestellt, dass Grotius Niederländer war, dessen Lebensdaten anschließend nüchtern aufgeführt werden. Zwar wird *De iure belli ac pacis* als „das bedeutenste und berühmteste Werk des Grotius" gewürdigt, doch wird sogleich festgehalten, dass es „nur der Form nach neu" war, „die Sache an sich" sei „ja längst vorhanden" gewesen. Auch gesteht man Grotius zu, ein „Denker und geübter Schriftsteller" gewesen zu sein, der die „grundlegenden Principienfragen zu beantworten" wusste, doch seien – so wird eingewandt – „seine Definitionen namentlich des jus naturae" nicht „fest ausgeprägt" und vor allem „nicht consequent durchgeführt" worden, was darauf zurückzuführen sei, dass Grotius als ein eklektisch-praktischer Philosoph bestrebt war, Prinzipienreitereien und Einseitigkeiten zu vermeiden.[29] Die Leistung von Hugo Grotius wird damit empfindlich relativiert, das noch im 18. Jahrhundert mehr oder weniger verbindliche Narrativ von der Pionierleistung des Niederländers wird faktisch bereits hier als eine Legende entlarvt. Damit ist Grotius noch nicht in dem von Carsten Zelle konstatierten Sinne aus dem Kanon verschwunden, er hat nur einen anderen Platz erhalten, und dieser – das zeigt auch die völkerrechtliche Grotius-Rezeption im ausgehenden 19. und beginnenden 20. Jahrhundert – sollte nicht die letzte Positionsverschiebung sein.

Anmerkungen

1 Zelle, C.: Zu diesem Heft. In: ders. (Hg.): Das achtzehnte Jahrhundert, Jahrgang 22, Heft 1. Wolfenbüttel 1998, S. 7.
2 Brandes, H.: Das Frauenzimmer-Lexicon von Amaranthes. In: Zelle, C. (Hg.): Das achtzehnte Jahrhundert, Jahrgang 22, Heft 1. Wolfenbüttel 1998, S. 22.
3 Wille, D. von: Johann Georg Walch und sein Philosophisches Lexicon. In: Zelle, C. (Hg.): Das achtzehnte Jahrhundert, Jahrgang 22, Heft 1. Wolfenbüttel 1998, S. 34.
4 Ebd., S. 35.
5 Ebd., S. 33.
6 Ebd., Sp. 1734–1735.
7 Walch, J. G.: [Art.] Recht. In: ders.: Philosophisches Lexikon, Leipzig 1726, Sp. 554.
8 Walch, J. G.: [Art.] Grotius. In: ders.: Philosophisches Lexikon. Das Leben berühmter Philosophen. Leipzig 1740, Sp. 82.
9 Ebd.
10 Ebd., Sp. 83.
11 Ebd.
12 Ebd., Sp. 85.
13 Dorn, N.; Oejtens, L.; Schneider, U. J.: Die sachliche Erschließung von Zedlers Universal-Lexicon. Einblicke in die Lexikographie des 18. Jahrhunderts. In: Das achtzehnte Jahrhundert, Jahrgang 32, Heft 1. Wolfenbüttel 2008, S. 96.
14 Ebd., S. 99.
15 Schneider, U. J.: Zedlers Universal-Lexicon und die Gelehrtenkultur des 18. Jahrhunderts. In: Hanspeter Marti; Detlef Döring (Hg.): Die Universität Leipzig und ihr gelehrtes Umfeld 1680–1780. Basel 2004, S. 196.
16 Vgl. ebd., S. 195–196.

17 [Art.] Grotius (Hugo). In: Grosses vollständiges Universal-Lexicon aller Wissenschaften und Künste, XI. Band. Halle 1739, Sp. 1804.

18 Ebd.

19 Ebd., Sp. 1084–1085.

20 Ebd., Sp. 1085.

21 Ebd., Sp. 1089.

22 Ebd., Sp. 1205.

23 Jöcher, Chr. G.: [Art.] Grotius, Hugo. In: ders. (Hg.): Allgemeines Gelehrten-Lexicon. Leipzig 1750, Sp. 1203.

24 Dufour, M.: Droit de la nature, ou Droit naturel. In: Jean le Rond d'Alembert; Denis Diderot (Hg.): Encyclopédie, Vol.5. Paris 1755, Sp. 132.

25 Ebd.

26 Ebd.

27 Ebd.

28 Zur Grotius-Legende siehe Grunert, F.: Von der Morgenröte zum hellen Tag. Zur Rezeption von Hugo Grotius' „De iure belli ac pacis" in der deutschen Frühaufklärung. In: Zeitschrift für Neuere Rechtsgeschichte, 25. Jahrgang 2003. Wien 2003, S. 214–218.

29 Ebd., S. 215f.

Exponate

Grosses vollständiges Universal-Lexicon aller Wissenschaften und Künste, XI. Band. Halle 1739 (ULB Halle – Zweigbibliothek 179 IZEA, Sign.: 92/ 2905)

Johann Georg Walch: Philosophisches Lexicon. Leipzig 1740 (Privatbesitz)

Christian Gottlieb Jöcher: Allgemeines Gelehrten-Lexicon, Zweyter Theil. Leipzig 1750 (ULB Halle – Zweigbibliothek 179 IZEA, Sign.: HA 92/ 630)

Jean le Rond d'Alembert & Denis Diderot: Encyclopédie, ou Dictionnaire raisonné des sciences, des arts et des métiers, 5. Band. Paris 1755 (ULB Halle – Zweigbibliothek 179 IZEA, Sign.: 98/ 281)

FRANK GRUNERT

Grotius als Held

Fragt man in den Niederlanden eine beliebige Person nach Hugo Grotius, dann wird man je nach Schulbildung knappe, vielleicht auch nur knappste Auskünfte über die Freiheit des Meeres, oder überhaupt einen Hinweis auf das Völkerrecht erhalten. Doch unabhängig davon ist buchstäblich jedem Kind Grotius' abenteuerliche Flucht aus der Festungshaft im Schloss Loevestein präsent. Die von Maria van Reigersbergh – der Ehefrau von Hugo Grotius – geplante und mit der tatkräftigen Hilfe der Dienstmagd, Elsje van Houweningen und weiteren Helfern durchgeführte Flucht in der Bücherkiste hat sofort großes Aufsehen erregt und die Imaginationskraft des ganzen Landes dauerhaft beflügelt (Abb. 14). Hugo de Groot war und ist die integrale Figur einer nationalen Erinnerungskultur, die eine spektakuläre Begebenheit zum Ausgang für sehr viel weiterreichende kulturelle, politische und nicht zuletzt pädagogische Intentionen und Aspirationen nahm und nimmt.

Die literarische Verarbeitung der Episode begann schon früh, und zwar zunächst durch Hugo Grotius selbst, der sowohl seiner Frau als auch der Bücherkiste in zwei unterschiedlichen Gedichten dankte. Anna Roemers Visscher widmete ein vierzigzeiliges Gedicht der Flucht ihres Helden und Joost van den Vondel, der bedeutendste niederländische Dichter des 17. Jahrhunderts, pries in einem Gedicht vor allem Maria van Reigersberghs Wagemut, die es als Frau gegen tausend Männer aufgenommen habe und von deren Ehre noch folgende Jahrhunderte sprechen würden.[1] Die von Caspar Brandt 1727 vorgelegte monumentale Biografie, die *Historie van het leven van des heeren Huig de Groot,* greift dieses Lob auf und hebt die „Kraft der Ehetreue" („kracht der huwelykstrouwe"), die „List der Liebe" und Marias „männliche Beherztheit" („mannelyke kloekmoedigheid") hervor.[2] In einem Stich des frühen 19. Jahrhundert wird

Abb. 14 Grotius wird in der Bücherkiste an einer Wache vorbeigetragen, im Hintergrund rechts Maria van Reigersbergh und Elsje van Houweningen, Kupferstich, ca. 1800–1850, Arpels & Gabriels & Co, Amsterdam (Privatbesitz, Foto: Martin Kühnel)

die Flucht in der Kiste ins Bild gebracht und die Einschätzungen Vondels und Brandts miteinander kombiniert: die Aufforderung, die Tugend und den Mut der Frau zu bewundern wird mit der ausdrücklichen Erwartung verknüpft, dass die eheliche Treue der Gattin noch nach Jahrhunderten Gegenstand der Verehrung sein wird.

Mit dem Lob von Tugend und ehelicher Treue der bürgerlichen Gattin wird allerdings ihre Marginalisierung eingeleitet: Maria van Reigersbergh trat in der Folge – zumindest zeitweilig – in den Hintergrund, während die Leistungen ihres Mannes desto deutlicher positioniert wurden: Hugo Grotius wurde aus historisch nachvollziehbaren Gründen zu einem nationalen Helden, wobei die Kiste

Abb. 15 Zum 300. Jahrestag des Erscheinens von *De Iure Belli ac Pacis* gab die Keramikmanufaktur *De Porceleyne Fles* in Delft einen Gedenkteller heraus, auf dem das Grotius-Standbild in Delft abgebildet ist (Privatbesitz, Foto: Martin Kühnel)

als ein symbolisch aufgeladener Bezugspunkt in der Regel erhalten blieb. Das reale Requisit war indes schon früh verloren gegangen, und zwar sehr zum Verdruss von Hugo Grotius selbst, denn er hatte darin einen handgreiflichen Beweis des Wohlwollens gesehen, mit dem Gott einem zu Unrecht verurteilten Gefangenen begegnet sei.[3]

Spätestens mit den Haager Friedenkonferenzen von 1899 und 1907 und der bereits 1900 erfolgten Einrichtung des Ständigen Schiedsgerichtshof in Den Haag nahm das Interesse an Hugo Grotius als Völkerrechtler entschieden zu. Mit Hugo Grotius verfügten die Niederlande über eine international beachtete und gewürdigte Figur, die das Renommee und den internationalen Einfluss des Landes verstärken sollte. Das Werk von Hugo Grotius – insbesondere *De iure belli ac pacis* – wurde von namhaften Wissenschaftlern mit unübersehbaren Beziehungen zur Politik intensiv erforscht und der 300. Jahrestag des Erscheinens von Grotius' Opus magnum wurde 1925 sowohl mit einer international wahrgenommenen Ausstellung als auch mit einem am 28. August 1925 in der Nieuwe Kerk in Delft veranstalteten Festakt zelebriert (Abb. 15). Die bereits 1653 gegründete Delfter Keramikmanufaktur *De Porceleyne Fles* hat aus Anlass des Jahrestages einen von Jan van Linschooten und Andreas Petrus Guerain gemalten Gedenkteller herausgebracht, der das 1886 von Franciscus Leonardus Stracké gestaltete und auf dem Markt in Delft errichtete Standbild von Grotius zeigt. Der Eindruck, Grotius stehe in einem Park, entsprach nie den örtlichen Gegebenheiten, auch die Delfter Ouwe Kerk, links im Hintergrund, kann in der eingenommenen Perspektive tatsächlich nicht zusammen mit dem Standbild gesehen werden. Der Schriftzug am Rand gegenüber dem Namen des Jubilars – „1625 * De Jure Belli ac Pacis * Jus Gentium * 1925" – nennt nicht nur die aktuelle Jahreszahl und den Titel des gefeierten Buches, sondern auch noch, möglicherweise als Erläuterung, den sachlichen Grund für die Wertschätzung und der damit verbundenen Feierlichkeiten, nämlich „Jus Gentium", das im originalen Titel des Buches allerdings nur im Untertitel, und zwar in der Kombination mit dem Naturrecht auftaucht: „Jus Naturae & Gentium". War das Standbild schon früh ein Motiv für Postkarten so erschien zum Jahrestag 1925 zusätzlich noch eine mit einem Holzschnitt von Jan Franken Pzn versehene Briefkarte. Weil Hugo Grotius später auch auf Briefmarken – interessanterweise mit Bücherkiste – und auf einer in den fünfziger Jahren im Umlauf befindlichen 10-Gulden-Note abgebildet wurde – diesmal ohne Kiste –, war Hugo Grotius als Figur der nationalen Erinnerung und der Identifikation buchstäblich in aller Hände.

Zuvor war Grotius während der Okkupation durch die Deutschen zu einem nationalen Helden gemacht worden, dessen Flucht aus der Gefangenschaft als ein Exempel von Widerstand gegen bestehendes Unrecht interpretiert wurde. So erscheint während des Zweiten Weltkrieges auf einer illustrierten Karte in der Reihe „Gedachten van Groote Nederlanders" des Verlages J. Philip Kruseman eine Passage des Briefes, den Grotius an die „Heeren Staaten Generaal" unmittelbar nach seiner Flucht aus Loevestein gesandt hatte. Hier betont er nicht nur seine Liebe zum Vaterland, sondern auch seinen Wunsch, diesem möge Freiheit, Ruhe und Glück („vryheit, rust en voorspoedt") beschieden sein (Abb. 16). Text und Kontext lassen keinen Zweifel daran, dass es sich hierbei um eine vergleichsweise unauffällige nationale Ermutigung handelt, die als

Abb. 16 Postkarte in der Reihe „Gedachten van Groote Nederlanders“ mit einer Passage aus dem Brief, den Hugo Grotius nach seiner Flucht an die General-Staaten schrieb. Grotius wünscht hier seinem Land Freiheit, Ruhe und Glück. Die Karte ist während des Zweiten Weltkrieges in Umlauf gebracht worden, Uitgeverij J. Philip Kruseman, Den Haag o. J. (Privatbesitz, Foto: Martin Kühnel)

ein Identifikationsmittel gegen den aktuellen Okkupanten wendet. Etwas ähnliches, allerdings mit einer prononciert pädagogischen Stoßrichtung beabsichtigte ein 1943 im Verlag Spanjersberg ohne Impressum erschienenes und von G. Hagemeyer gestaltetes Malbuch *'t Slot Loevestein* (Abb. 17). Die mit Vorgängen auf dem Schloss Loevestein verbundene Befreiung der Niederländer von der spanischen Unterdrückung in einem achtzig Jahre währenden Krieg und die Flucht von Hugo Grotius aus seiner zu Unrecht bestehenden Gefangenschaft werden hier Kindern, Jungen und Mädchen, als die verehrungswürdigen Taten von Männern beispielhaft vorgeführt, die – wie es ausdrücklich heißt – für ihr Land gefochten haben. Die Beschäftigung, die Auseinandersetzung und schließlich die Identifikation mit diesen Vorgängen wird durch die Aufforderung, die ohne Farben gelieferten Bilder nach jeweils auf der folgenden Buchseite gedruckten bereits kolorierten Vorlagen auszumalen, noch einmal entschieden verstärkt (Abb. 18). Die pädagogische und nationale – beinahe schon explizit gegen die Anwesenheit der deutschen Usurpatoren – gerichtete Stoßrichtung des Malbuches wird im Schluss noch einmal betont, wenn empfohlen wird, das Buch mehrmals zu lesen, weil die Geschichte von Loevestein in der Geschichte der Nieder-

Abb. 17 Niederländisches Kinderbuch *'t Slot Loevestein* von G. Hagemeyer, das 1943 während der deutschen Besatzung der Niederlande erschienen ist und diejenigen preist, die für das Vaterland gefochten haben, Spanjerberg: o. O. [1943] (Privatbesitz, Foto: Martin Kühnel)

lande einen wichtigen Platz einnehme und daher für Jungen und Mädchen sehr lehrreich sei.

Der pädagogische Umgang mit Hugo Grotius bleibt auch später in der Kinderbuch- bzw. Bilderbuchliteratur erhalten. Dabei wird die Flucht in der Bücherkiste immer als narrativer Kern für unterschiedliche Intentionen herangezogen. Das für sechsjährige Kinder vorgesehene und von Heidi Smits und Wilbert van der Steen publizierte Büchlein *Hugo in de kist!* erzählt von einem Familienbesuch auf Loevestein.[4] Historisch erfahren die Kinder lediglich, dass Grotius' Intelligenz für einige Männer beängstigend war, weswegen sie ihn in das als Gefängnis genutzte Schloss Loevestein „schickten". Die Flucht in der Bücherkiste wird tags darauf zum Anlass genommen, Hugo in der Kiste nachzuspielen, wobei es pädagogisch vor allem

Abb. 18 „Hugo de Groot in de boekenkist op de golven", kolorierten Vorlage, in: 't Slot Loevestein von G. Hagemeyer, Spanjerberg: o. O. [1943] (Privatbesitz, Foto: Martin Kühnel)

um den Umgang mit der kleinen Schwester Fleur geht, die zunächst ihres Geschlechtes wegen von dem Jungenspiel ausgeschlossen war. Historisch etwas sachhaltiger ist ein von Peter Smit geschriebenes und von Ronald Slabbers mit Illustrationen versehenes Buch in der Reihe „Hollandse Helden".[5] Das Hugo Grotius gewidmete Bändchen mit dem Titel *Ontsnapt!* steht neben vierzehn anderen Heldenerzählungen, die sich mit Seehelden wie Piet Hein oder Maarten Tromp, Gelehrten wie Antoni van Leeuwenhoek oder Christiaan Huygens und natürlich mit Rembrandt und Willem van Oranje befassen (Abb. 19). Das in der Darstellung vereinfachende und 6- bis 10-jährige Kinder adressierende Büchlein fokussiert, wie schon der Titel andeutet, auf die Fluchtgeschichte, historische Erläuterungen werden erst nach der Erzählung in einem sprachlich altersangemessenen Anhang nachgereicht, allerdings sind die dort gemachten

Angaben historisch nicht in jeder Hinsicht zuverlässig. Worin nun die Heldenhaftigkeit von Hugo Grotius genau besteht, wird nicht mitgeteilt, auch nicht, was jemanden überhaupt zu einem Helden macht. Immerhin wird gegen Ende der Erzählung noch erwähnt, dass Grotius nach seiner Flucht in Frankreich ein Buch geschrieben habe, in dem es um „Menschen und Rechte und um Krieg und Frieden“ gehe, wodurch er weltberühmt geworden sei. Weil er dies noch immer sei, wovon Standbilder in Rotterdam, Den Haag und Delft zeugen, schließt das Büchlein mit den folgenden Versen: „De zeeën zijn groot, de wereld is groter, maar niemand is groter dan Hugo de Groot“.

Abb. 19 Cover eines Kinderbuchs über die Gefangenschaft und Flucht von Hugo Grotius aus dem Schloss Loevestein, Peter Smit/Ronald Slabbers: Ontsnapt! Hollandse Helden: Hugo De Groot, Amsterdam: Uitgeverij Rubinstein, 2015 (Privatbesitz, Foto: Martin Kühnel)

Historisch zuverlässiger und sachlich breiter sind die Informationen in *Geen licht en geen lucht. De ontsnapping van Hugo de Groot* von Lizzy van Pelt.[6] Die Fluchtgeschichte wird hier – um sie möglichst nahe an die Erlebniswelt von Kindern ab 10 Jahren zu rücken – aus der Perspektive von Grotius’ Tochter Cornelia erzählt. Mit Hilfe eingefügter Textfelder werden zusätzliche historische und sachliche Informationen gegeben, so dass die spektakuläre Fluchtgeschichte Anlass zu historischen Erläuterungen gibt, die von der Geschichte ausgelöst, zugleich aber darüber hinausreichen. Auch hier ist Grotius ein Held, denn das kleine Buch erscheint in einer mit „Historische Helden“ betitelten Reihe. Einen völlig anderen Ansatz verfolgt das auch gestalterisch anspruchsvollere Buch von Marion Bloem: „ZO

GROOT ALS Hugo", das 2005 erschienen ist.[7] Zwar steht auch hier die Fluchtgeschichte im Vordergrund, doch wird sie mit den Interessen, Wahrnehmungen und Fragen von Lucie verschränkt, die als adoptiertes Flüchtlingskind ebenso wie Grotius eine Fluchtgeschichte hat. Indem das politische Engagement von Lucies leiblichen Eltern – vom Kampf für Menschenrechte und für die Rechte der Frau ist die Rede – und die politischen Auseinandersetzungen sowie die politischen Ideen von Hugo Grotius parallelisiert werden, wird die Heldenhaftigkeit des Niederländers in die Gegenwart verlängert. Sie wird durch Huig, dem Bruder des Adoptivvaters, mit der freundlich-belustigten Erwartung verbunden, dass Lucie, das angeblich in einer kleinen Kiste gefundene, ebenso freche wie kreative Flüchtlingskind, einmal so groß wie Hugo de Groot selbst werde. Am Ende wird deutlich, dass die von Grotius im 17. Jahrhundert geforderte Toleranz in der Wahrnehmung von Lucie eine noch immer nicht eingelöste Forderung ist. Grotius als Held bedarf in der Gegenwart noch stets der Nachahmer.

Anmerkungen

1 Vgl. Vondel, J. van den: Huigh de Groots verlossing. Aan Mevrouw Marie van Reigerbergh. In: Brandt, C.: Historie van het Leven des Heeren Huig de Groot. Beschreven tot den aanvang van zijn Gezantschap wegens de Koninginne en Kroone aan't Hof van Vrankryk. [...] vervolgt tot zyn doodt door Adriaan van Cattenbergh. Tweede Druk, Dordrecht, Amsterdam 1732, S. 279.

2 Ebd., S. 242.

3 Vgl. Nellen, H.: Hugo de Groot. Een leven in strijd om de Vrede 1583–1645, Amsterdam 2007, S. 259.

4 Smits, H.; Steen, W. van der: Hugo in de kist! 's-Hertogenbosch [2003].

5 Smit, P.; Slabbers, R.: Ontsnapt! Amsterdam 2015.

6 Pelt, L. van: Geen licht en geen lucht. De ontsnapping van Hugo de Groot, Amsterdam 2008.

7 Bloem, M.: ZO GROOT ALS Hugo, Wijk en Aalburg [2005].

Exponate

Historie van het Leven des Heeren Huig de Groot. Beschreven tot den aanvang van zijn Gezantschap wegens de Koninginne en Kroone aan 't Hof van Vrankryk. [...] Door Caspar Brandt, en vervolgt tot zyn doodt door Adriaan van Cattenbergh. Dordrecht, Amsterdam: Van Braam en Onder de Linden, 1727 (ULB Halle, Sign.: 17 WB 235)

„Vlugt van Hugo de Groot in een Boekenkist verschoolen", *Stich ca. 1800–1850, Arpels & Gabriels & Co., Amsterdam* (Privatbesitz)

*Jubiläumsteller: Hugo Grotius: 1625*De Jure Belli ac Pacis*Jus Gentium*1925. De Porceleyne Fles. Delft 1925* (Privatbesitz)

Ansichtskarte: Delft, Standbeeld „HUGO DE GROOT" (Privatbesitz)

Briefkaart: De Jure Belli ac Pacis – 1e. Ed. 1625 te Parys (Privatbesitz)

Briefmarken: Zomerzegel: Hugo de Groot, 1983, Canon van Nederland: Hugo de Groot, 2007 (Privatbesitz)

Tien Gulden, De Nederlandse Bank, Amsterdam 22 Maart 1953 (Privatbesitz)

Postkarte: Gedachten van Groote Nederlanders, Uitgeverij J. Philip Kruseman, Den Haag, o. J. (Privatbesitz)

G. Hagemeyer: 't Slot Loevestein. Spanjerberg: o. O., [1943] (Privatbesitz)

Heidi Smits, Wilbert van der Steen: Hugo in de kist! 's-Hertogenbosch: Malmberg [2003] (Privatbesitz)

Peter Smit/Ronald Slabbers: Ontsnapt! Hollandse Helden: Hugo De Groot, Amsterdam: Uitgeverij Rubinstein, 2015 (Privatbesitz)

Lizzy van Pelt: Geen licht en geen lucht. De ontsnapping van Hugo de Groot. Amsterdam: Nino, 2008 (Privatbesitz)

Marion Bloem: ZO GROOT ALS Hugo. Wijk en Aalburg, Pictures Publishers, [2005] (Privatbesitz)

CINDY BELLAMY

Finding Grotius – Corpus Survey of Hugo Grotius's *De Iure Belli ac Pacis* in and around Halle

In preparation for the conference *Teaching Hugo Grotius: The Academic Reception of* De Iure Belli ac Pacis *in the Seventeenth and Eighteenth Centuries* and its accompanying rare book exhibition, I conducted a survey of Hugo Grotius's *De iure belli ac pacis* (DIBP) and related works held in Halle and nearby regions. This included identifying and analysing various editions, copies, and secondary materials. By treating these as a research dataset and as distinct historical artefacts, I gained deeper insight into early modern European book culture and the significance of DIBP in the history of political and legal thought.

As an iconic and foundational work of early modern European legal philosophical theory, it connected to the themes of my Master's thesis, making this project particularly relevant to my broader academic aims.[1] Working independently, I followed a winding trail of bibliographic inquiry, akin to navigating a labyrinth. Searching various library catalogues, corresponding with librarians, travelling to special collections libraries to examine rare volumes, and employing digital tools to assist, I discovered first-hand the material and intellectual traces of Grotius's work across centuries.

The monumental scale and intellectual magnitude of the DIBP first prompted my enquiry into some of Europe's most prominent collections, such as the Peace Palace Library in The Hague. However, this proved too distant for my purposes. Redirecting the focus to Halle and extending only as far as Wolfenbüttel and Gotha, I proceeded to thoroughly search the *Online Public Access Catalogue* (OPAC) of the Universitäts- und Landesbibliothek Sachsen-Anhalt (ULB).

Acknowledging that catalogue entries are human-created and subject to inconsistencies, I devised strategies to extract as much data as possible for relevant materials published between 1625 and 1800, accounting for Hugo Grotius's name variations and different titles across Latin, French, German, Dutch, and English, though no Dutch or English-language materials were found (fig. 20, 21).

To systematise this process, I exported all the search result datasets in batches from OPAC as ris files, which I then imported into a Jupyter Notebook Python program I had created to compile and convert the data. The script concatenated and converted the data, creating a manageable Excel file, which allowed me to hide irrelevant columns, apply filters, sort, and remove unrelated records. The final spreadsheet contained approximately eighty-five individual records from the ULB OPAC system that were considered relevant materials. I began reserving these items online to inspect them physically and to reconcile them against the catalogue, identifying distinguishing features not recorded in the catalogue.

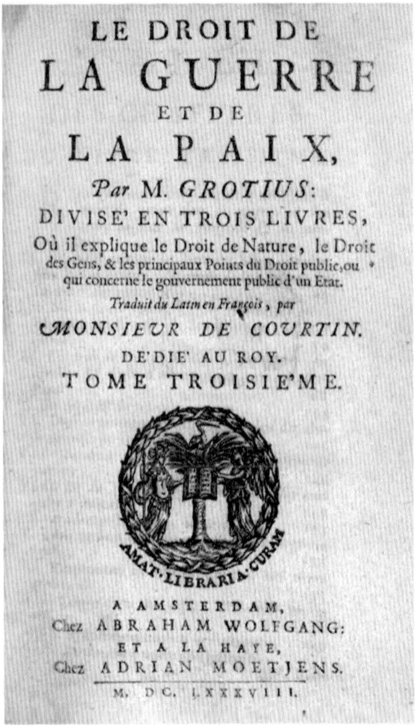
LE DROIT DE
LA GUERRE
ET DE
LA PAIX,
Par M. *GROTIUS*:
DIVISE' EN TROIS LIVRES,
Où il explique le Droit de Nature, le Droit des Gens, & les principaux Points du Droit public, ou qui concerne le gouvernement public d'un Etat.
Traduit du Latin en François, par
MONSIEUR DE COURTIN.
DE'DIE' AU ROY.
TOME TROISIE'ME.
AMAT·LIBRARIA·CURAM
A AMSTERDAM,
Chez ABRAHAM WOLFGANG:
ET A LA HAYE,
Chez ADRIAN MOETJENS.
M. DC. LXXXVIII.

Abb. 20 Title of the first French translation Le Droit De La Guerre Et De La Paix by Antoine de Courtin from 1687 (ULB Halle: Sign.: AB W 807)

In the *Lesesaal* für *historische Bestände und Karten*, I began examining the first of my reserved books. I initially took photos (without flash) of the book covers and spines, but was promptly informed that photography was prohibited. Instead, I was offered an order form to request images of the copyright-free work pages for a fee. Choosing not to pursue this, I continued examining the books, making written records of the physical characteristics absent from the cata-

HUGONIS GROTII
Drey Bücher
vom
Rechte des Krieges
und des Friedens,
darinnen
Das Recht der Natur und der Völcker/
wie auch die vornehmsten Sachen desjenigen Rechtes/
welches
von der Regierung eines Staates handelt/
erkläret/
und die Anmerckungen des Verfassers
hinzugefüget werden.
Aus dem Lateinischen ins Deutsche übersetzet
durch
P. B. S. g. Schütz/
Gräfl. Reuß-Plauischen Rath/ Lehn-Directorn und Hofmeistern.
Nebst einer Vorrede
Herrn Christian Thomasii, Königl. Preußischen Rathes
und Professoris Juris Ordinarii auf der Universität zu Halle.
Leipzig/
verlegts Friedrich Groschuff/ im Jahr Christi 1707.

Abb. 21 Title of the first German translations: Hugonis Grotii: Drey Bücher vom Rechte des Krieges und des Friedens von Philipp Balthasar Sinold von Schütz aus dem Jahre 1707, mit einer Vorrede von Christian Thomasius (ULB Halle: Sign.: Kt 201 o)

logue. I documented binding details, provenance marks, and marginalia, adding notes to my spreadsheet or, when extensive, drafting separate documents.[2]

Several discoveries emerged while working through the book reservations. First, individual OPAC records did not always correspond to single physical bindings. In some cases, more than one individually catalogued work with a unique shelf mark *(Signatur)* was bound together, a detail absent from the catalogue descriptions. Second, some catalogue-listed items were missing from the special collections storage *(Magazin)*, where ULB's books older than one hundred years are typically stored, effectively, lost books. In another case, two seventeenth-century DIBP editions listed as freely available on the shelves of the Juridicum Library could not be found despite a thorough search by librarians and were subsequently removed from the catalogue.

Finally, some books listed in the ULB catalogue had locations outside ULB's buildings in Halle. One 1626 edition was found to have been restituted to its original owner, whose personal details were only accessible through a special written state agency request, which, was decidedly not pursued.[3] Other ULB catalogue-listed items were found to be residing in libraries such as the Bibliothek der Franckeschen Stiftungen, the Apelsche Kultur-Stiftung Ermlitz, the von Alvenslebensche Bibliothek Hundisburg, and the Reformationsgeschichtliche Forschungsbibliothek Wittenberg (RFB Wittenberg). I emailed the externally located libraries to enquire about reserving the relevant materials since they were not requestable via the ULB catalogue's direct request function; most responded positively. Additionally, I wrote to the Marienbibliothek in Halle about their DIBP editions, and finally to the Herzog August Bibliothek (HAB) in Wolfenbüttel. This led to several excursions in Halle and beyond.

Since copies of DIBP with marginalia were of particular interest, I arranged a trip to view the heavily annotated 1689 Someren edition held at the Schloss Hundisburg Library (fig. 22).[4] The remote location was difficult to access without a vehicle, so the Stadt- und Kreisbibliothek Haldensleben kindly agreed to host the book for my examination.[5] In this impromptu setup to view a rare book, I encountered a rugged, heavily used volume, highlighting a stark contrast with the neat, tidy copies at the ULB Special Collections Library. Bursting from the vellum cover was a lively bundle of pages brimming with scribbled Latin marginalia penned in multicoloured, blotchy ink, evidence of multiple hands and times of annotation. This well-worn volume conveyed a palpable sense of life and history. Since its digitisation was planned for an unspecified date, I photographed the marginalia to create a digital album for further study. A handwriting comparison of the main hand and provenance suggested the primary annotator was Johann Friedrich II von Alvensleben (1657–1728), a prominent politician.[6]

I also visited The Reformationsgeschichtliche Forschungsbibliothek Wittenberg (RFB), housed inside Schloss Wittenberg, which held about a dozen DIBP editions and related texts. A list of these materials had been courteously curated by the library director from their OPAC, which I was permitted to photograph.[7] Working methodically in the library's reading room, I observed and recorded unique marks and marginalia. About half of the items inspected were dissertations on the DIBP that were a part of a volume of collated dissertations. These centuries-old dissertations imbue a sense of a verifiably real past, its materiality, and academia's social organisation. The collated, foxed paper stacks, remnants of a finely robed, male-dominated scholarly world, offered glimpses into the historical context surrounding the DIBP's reception.

In Halle, the Bibliothek der Franckeschen Stiftungen contained approximately thirty catalogue records of relevant materials. Having reserved two-thirds of these, up to the maximum loan limit permitted, I visited their Historical Library reading room to view them, recording observations and photographing as allowed. A significant find was a 1680 Jena edition that included hundreds of extra pages inserted and bound by the former owner, Carl Hildebrand von Canstein (1667–1719), a young student at the time.[8] These pages were extensively filled with Latin marginalia of an elegant cursive script that gradually evolved into a more hurried hand, making this the most annotated copy I had encountered. Another notable volume, delivered accidentally, likely due to the proximity of its shelf mark to my reservation, was a marginalia-covered copy of Samuel Pufendorf's *Dissertationes Academicæ Selectiores*, Uppsala, 1677.[9] Incidentally, works like this provide an essential consideration within the history of natural law and the DIBP for its transmission and reception in the early modern period.[10] After inspecting the reserved books, I requested access to additional items I had not yet examined, such as works by Johann Heinrich Boecler (1611–1672) and Johann Christian von Boineburg (1622–1672). This request was declined due to the start of renovation work that had unfortunately rendered the shelves inaccessible for several months. Similarly, a physical inspection of the seven DIBP items held in the Marienbibliothek was impossible due to scheduling difficulties, though the librarian confirmed these copies contained no marginalia.

Drawn by the high repute of the Herzog August Bibliothek (HAB), Wolfenbüttel, and the apparent richness of its DIBP hold-

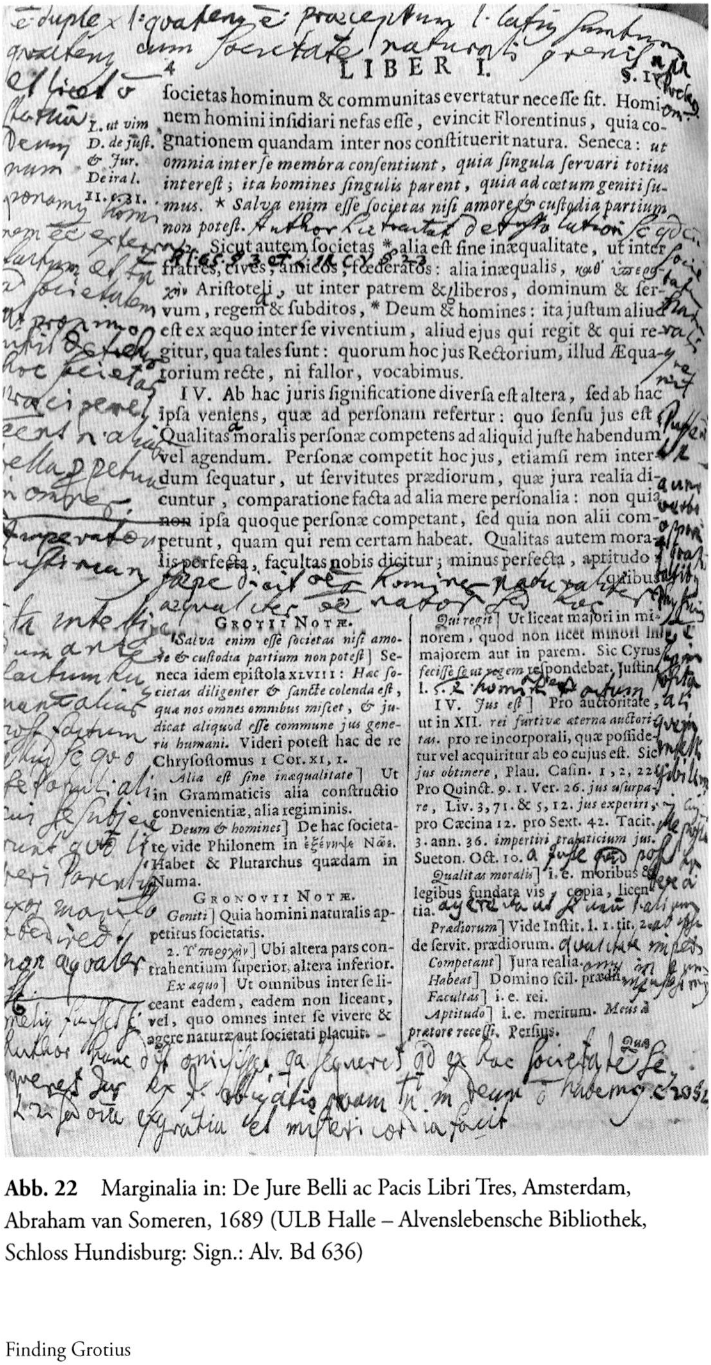
4 LIBER I. §. I

L. ut vim D. de Just. & Jur. De ira l. II. c. 31.

societas hominum & communitas evertatur necesse sit. Hominem homini insidiari nefas esse, evincit Florentinus, quia cognationem quandam inter nos constituerit natura. Seneca: *ut omnia inter se membra consentiunt, quia singula servari totius interest; ita homines singulis parent, quia ad cœtum geniti sumus. * Salva enim esse societas nisi amore & custodia partium non potest.*

Sicut autem societas * alia est sine inæqualitate, ut inter fratres, cives, amicos, fœderatos: alia inæqualis, καθ' ὑπεροχὴν Aristoteli, ut inter patrem & liberos, dominum & servum, regem & subditos, * Deum & homines: ita justum aliud est ex æquo inter se viventium, aliud ejus qui regit & qui regitur, qua tales sunt: quorum hoc jus Rectorium, illud Æquatorium recte, ni fallor, vocabimus.

IV. Ab hac juris significatione diversa est altera, sed ab hac ipsa veniens, quæ ad personam refertur: quo sensu jus est Qualitas moralis personæ competens ad aliquid juste habendum vel agendum. Personæ competit hoc jus, etiamsi rem interdum sequatur, ut servitutes prædiorum, quæ jura realia dicuntur, comparatione facta ad alia mere personalia: non quia non ipsa quoque personæ competant, sed quia non alii competunt, quam qui rem certam habeat. Qualitas autem moralis perfecta, facultas nobis dicitur; minus perfecta, aptitudo quibus

GROTII NOTÆ.

Salva enim esse societas nisi amore & custodia partium non potest] Seneca idem epistola XLVIII: *Hæc societas diligenter & sancte colenda est, quæ nos omnes omnibus miscet, & judicat aliquod esse commune jus generis humani.* Videri potest hac de re Chrysostomus 1 Cor. XI, 1.

Alia est sine inæqualitate] Ut in Grammaticis alia constructio convenientiæ, alia regiminis.

Deum & homines] De hac societate vide Philonem in ἐξέτασις Νῶε. Habet & Plutarchus quædam in Numa.

GRONOVII NOTÆ.

Geniti] Quia homini naturalis appetitus societatis.

2. Y' ὑπεροχὴν] Ubi altera pars contrahentium superior, altera inferior.

Ex æquo] Ut omnibus inter se liceant eadem, eadem non liceant, vel, quo omnes inter se vivere & agere naturæ aut societati placuit.

Qui regit] Ut liceat majori in minorem, quod non licet minori in majorem aut in parem. Sic Cyrus fecisse se ut regem respondebat. Justin. l. 5. 2.

IV. *Jus est*] Pro auctoritate, ut in XII. *rei furtivæ æterna auctoritas.* pro re incorporali, quæ possidetur vel acquiritur ab eo cujus est. Sic *jus obtinere*, Plau. Casin. 1, 2, 22. Pro Quinct. 9. 1. Ver. 26. *jus usurpare*, Liv. 3, 71. & 5, 12. *jus experiri*, pro Cæcina 12. pro Sext. 42. Tacit. 3. ann. 36. *impertiri tralaticium jus.* Sueton. Oct. 10.

Qualitas moralis] i. e. moribus & legibus fundata vis, copia, licentia.

Prædiorum] Vide Instit. l. 1. tit. 2. de servit. prædiorum.

Competant] Jura realia.

Habeat] Domino scil. prædii.

Facultas] i. e. rei.

Aptitudo] i. e. meritum. *Meus a prætore recessi.* Persius.

Abb. 22 Marginalia in: De Jure Belli ac Pacis Libri Tres, Amsterdam, Abraham van Someren, 1689 (ULB Halle – Alvenslebensche Bibliothek, Schloss Hundisburg: Sign.: Alv. Bd 636) ings, I contacted the library to enquire about access. In a collegial response, Felix Kommnick noted that the library held over fifty relevant works, including a first edition and an annotated copy by Grotius himself.[11] After reserving a selection and arriving at the HAB, I met Herr Kommnick and explained my focus on the reception of DIBP within academia. Consequently, tracing provenance to infer who might have annotated or uniquely bound[12] particular copies was of interest. In response, he helpfully compiled detailed provenance information for the DIBP holdings, including records drawn from the library's seventeenth and eighteenth-century catalogue systems, which are also available as digitised images online.[13]

Among the notable items I examined at the HAB was the 1625 first edition adorned with a Latin panegyric handwritten on the flyleaf, written in a style reminiscent of Gunther of Pairis (c. 1150–1210), the reputed author of the hexameter epic extolling Frederick Barbarossa's campaigns, *Ligurinus* (fig. 23).[14] This handwritten poem, an original composition rather than an excerpt from the epic, imagines Barbarossa at the 1158 Diet of Roncaglia.[15] It presents the idea of true kingship as voluntary submission to law, thus elevating legal authority to the level of imperial power. As such, it exemplifies the early modern humanist method of combining poetic, historical, and legal-theoretical interpretation in the early reception of the DIBP.

Another notable DIBP copy, published by Blaeu in 1632, featured a marginal dedication in Grotius's hand to Heinrich Vaget (1587–1659), Professor in Hamburg, indicative of Grotius's strategic distribution to people of influence.[16] Over two days, I inspected approximately fifty volumes held at the HAB. While the second day's materials yielded fewer marginalia and unique features, the opportunity to examine such a wide array of editions offered valuable comparative insights. Although no items from the HAB were ultimately selected for the exhibition loan, the visit substantially enriched my understanding of the physical and intellectual dissemination of DIBP and early modern book culture.[17]

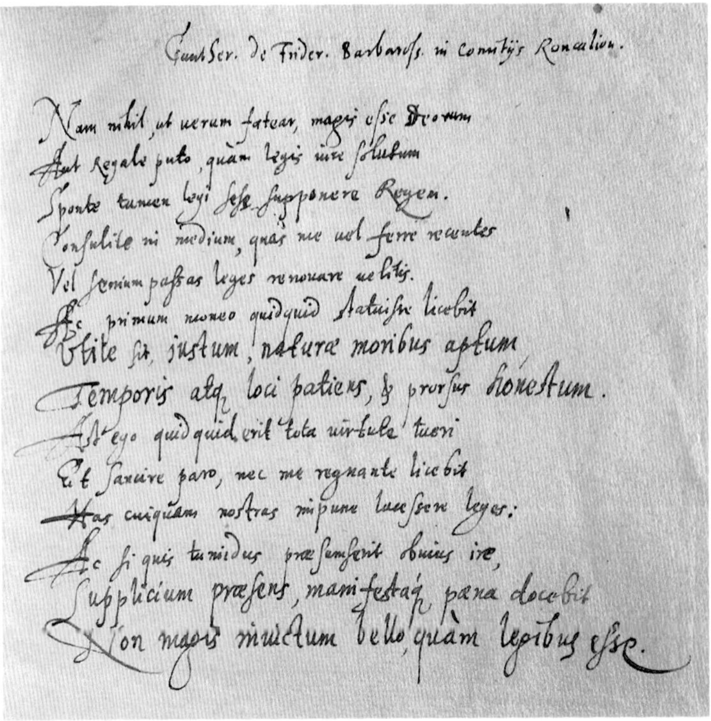

Guntherus de Frider. Barbaross. in comitijs Roncalien.

Nam nihil, ut uerum fatear, magis esse decorum
Aut Regale puto, quam legis iure solutum
Sponte tamen legi sese supponere Regem.
Consulite in medium, quas nec uel ferre recentes
Vel seniorum pastas leges renouare uelitis.
Hoc primum moneo quidquid statuisse licebit
Utile sit, justum, naturæ moribus aptum
Temporis atq. loci patiens, & prorsus honestum.
At ego quidquid erit tota uirtute tueri
Et sancire paro, nec me regnante licebit
Has cuiquam nostras impune lacessere leges.
Ac si quis tumidus præsumserit obuius ire,
Supplicium præsens, manifestaq. pœna docebit
Non magis inuictum bello quam legibus esse.

Abb. 23 Handwritten poem by an unknown author on flyleaf, in: Hvgonis Grotii De Ivre Belli Ac Pacis Libri Tres. Paris: Apud Nicolavm Bvon; 1625 (Herzog August Bibliothek, Wolfenbüttel: Sign.: H: O 101.4° Helmst.)

Overall, in the survey, I examined around one hundred and fifty copies of DIBP and related materials in Halle and regional collections, yielding a dataset and digital albums that documented the text's material interactions from 1625 to c. 1800. Annotations, binding characteristics, and ownership marks offered insights into how early modern readers encountered this legal-philosophical text, conveying a material and social historical dimension to the ideas it contains which firmly integrate it within intellectual history. Overall, marginalia were present from its first publication in 1625–1712, with slightly more between 1650–1710, indicating close reading habits and a high point of intellectual engagement. The *Worldwide Census Bibliography of Hugo Grotius's De Iure Belli ac Pacis*[18] conducted an extensive study of the first ten editions (1625–1650), publishing *Research Notes* discussing the text's early publication history, which helped to contextualise my localised findings.[19] My survey, while smaller in scale, focused on equipping a selection pool of material for the exhibition to present DIBP as a dynamic artefact complementing the conference *Teaching Hugo Grotius*. By doing so, it revealed the tangible dimensions of intellectual history through the history of the book in Europe from the early modern to the modern period.[20]

Endnotes

1 This fascinating foray into DIBP was made possible through my Erasmus+ internship at the Interdisciplinary Centre for European Enlightenment Studies (IZEA) at Martin Luther University Halle-Wittenberg, as part of a Master's in Rare Books and Digital Humanities at the Marie and Louis Pasteur University (formerly the University of Franche-Comté).

2 I extend special thanks to the librarians at ULB, Martin Luther University Halle-Wittenberg, and the regional collections for their expertise and assistance.

3 Grotius, H.: De Iure Belli Ac Pacis Libri Tres. Wechelianorum, Aubrii, Schleichius, Frankfurt am Main 1626. ULB Halle, Sign.: AB 46 14/h, 6. [Exact location requires state agency information request].

4 Grotius, H.: De Jure Belli Ac Pacis Libri Tres cum Annotatis Auctoris & Gronovii Notae. Someren, Amsterdam 1689. ULB Halle – Alvenslebensche Bibliothek, Schloss Hundisburg, Sign.: Alv. Bd 636.

5 I am particularly grateful to Angelika Ermel for arranging an off-site inspection at the Stadt- und Kreisbibliothek, Haldensleben.

6 Alvensleben, J. F. von: Briefe an Gottfried Wilhelm Leibniz. In: Briefwechsel Karl August von Alvensleben mit Gottfried Wilhelm Leibniz, 1687–1713. Handschrift LBr. 10. Digitale Sammlungen, Gottfried Wilhelm Leibniz Bibliothek 2025; Heinecke, B., Hecht, H. editors: Am Mittelpunkt der zwischen Hannover und Berlin vorfallenden Mitteilungen: Gottfried Wilhelm Leibniz in Hundisburg; Beiträge zur Tagung in Hundisburg am 18. Septem-

ber 2004. KULTUR-Landschaft Haldensleben-Hundisburg e. V., Eigenverlag, Hundisburg 2006.

7 Thanks to Dr. Caecilia-Désirée Hein at the Reformationsgeschichtliche Forschungsbibliothek (RFB), Wittenberg, for her assistance.

8 Grotius, H.; Simon J. G.: Hugonis Grotii De Jure Belli ac Pacis Libri Tres: In Qvibus Jus Naturæ et Gentium, Item Juris Publici Præcipua Explicantur. Fleischer, Jena 1680. Bibliothek der Franckeschen Stiftungen, Sign.: 141 D 3.

9 Pufendorf, S. von: Dissertationes Academicæ Selectiores. Uppsala 1677. Bibliothek der Franckeschen Stiftungen, Sign.: 149 I 14.

10 Corredera, E. J., Iurlaro, F., Muschel, L., Somos, M.: Hugo Grotius's De iure belli ac pacis: a Report on the Worldwide Census of the First Edition (1625). In: Grotiana, Brill 2022.

11 Grotius, H.: De Ivre Belli Ac Pacis Libri Tres. Apud Nicolavm Bvon, Paris 1625. Herzog August Bibliothek Wolfenbüttel, Sign.: H: O 101.4° Helmst; Grotius, Hugo: Hvgonis Grotii De Ivre Belli Ac Pacis Libri Tres: In quibus jus Naturæ, Gentium, item juris publici præcipua explicantur. Editio Nova. Blaeu, Amsterdam 1632. Herzog August Bibliothek Wolfenbüttel, Sign.: M: Rq 333.

12 Corredera, E. J., Muschel, L., Somos, M.: Hugo Grotius's De Iure belli ac pacis: a Report on the Worldwide Census of the Second Edition (1626). In: Grotiana, Brill 2022.

13 Kommnick, F.: Provenance research regarding binding practices for a 1626 (first pirated) edition of De Jure Belli ac Pacis, including Bücherradkatalog entries. Personal communication via email 2025; referencing Herzog August Bibliothek Wolfenbüttel. Bücherradkatalog.

14 Assmann, E.: Gunther der Dichter. Ligurinus (MGH SS rer. Germ., 63) 1987, 151-495; Brunhölzl, F.: "Gunther von Pairis" in: Neue Deutsche Biographie 7 (1966), S. 325. Bayerische Staatsbibliothek 2025.

15 Anonymous: Handwritten poem on flyleaf. In: Grotius H.: De Ivre Belli Ac Pacis Libri Tres. Apud Nicolavm Bvon, Paris 1625. Herzog August Bibliothek Wolfenbüttel, Sign.: H: O 101.4° Helmst.

16 Grotius, H.: De Ivre Belli Ac Pacis Libri Tres: In quibus jus Naturæ, Gentium, item juris publici præcipua explicantur. Editio Nova. Blaeu, Amsterdam 1632. Herzog August Bibliothek Wolfenbüttel, Sign.: M: Rq 333; Somos, M., Cleary, M., Dufour, P., Jones Corredera, E., Salerno, E.: The Unseen History of International Law: A Census Bibliography of Hugo Grotius' De Iure Belli ac Pacis (1625-1650 Editions). Oxford University Press 2025. (The History and Theory of International Law); Somos, M.: The Unseen History of International Law: A Census Bibliography of Hugo Grotius's De

iure belli ac pacis. In: Grotiana, Brill 2019; Corredera, E. J., Muschel, L., Somos, M.: Hugo Grotius's De Iure belli ac pacis: a Report on the Worldwide Census of the Third Edition (1631). In: Grotiana, Brill 2022; Corredera, E. J., Dufour, P. N., Muschel, L., Salerno, E., Twining, T., Somos, M.: Hugo Grotius's De Iure belli ac pacis: A Report on the Worldwide Census of the Fifth Edition (1632, Blaeu). In: Grotiana, Brill 2022; Corredera, E. J., Dufour, P. N., Muschel, L., Salerno, E., Twining, T., Somos, M.: Hugo Grotius's De Iure belli ac pacis: A Report on the Worldwide Census of the Fourth Edition (1632, Janssonius). In: Grotiana, Brill 2022; Corredera, E. J., Dufour, P. N., Muschel, L., Salerno, E., Twining, T., Somos, M.: Hugo Grotius's De Iure belli ac pacis: A Report on the Worldwide Census of the Sixth Edition (1642, Blaeu). In: Grotiana, Brill 2022.

17 I am particularly grateful to Felix Kommnick for his exceptional assistance in compiling comprehensive provenance information for the HAB's DIBP holdings, which significantly enhanced this research.

18 Somos, M., Cleary, M., Dufour, P., Jones Corredera, E., Salerno, E.: The Unseen History of International Law: A Census Bibliography of Hugo Grotius' De Iure Belli ac Pacis (1625-1650 Editions). Oxford University Press 2025. (The History and Theory of International Law).

19 Somos, M.: The Unseen History of International Law: A Census Bibliography of Hugo Grotius's De iure belli ac pacis. In: Grotiana, Brill 2019.

20 My sincere appreciation goes to the IZEA team, in particular to Dr. Frank Grunert and Dr. Andrea Thiele, for hosting this internship and providing the support that made this research possible.

Exhibits

Marginalia in De Jure Belli ac Pacis, *Amsterdam, Abraham van Someren, 1689* (ULB Halle – Alvenslebensche Bibliothek, Schloss Hundisburg: Sign.: Alv. Bd 636)

Handwritten poem by an unknown author on flyleaf, in: Grotius H. Hvgonis Grotii De Ivre Belli Ac Pacis Libri Tres. Paris: Apud Nicolavm Bvon; 1625 (Herzog August Bibliothek in Wolfenbüttel: Sign.: H: O 101.4° Helmst.)

Ausgaben von *De Iure Belli ac Pacis* in Halle

Lateinisch

Hugo Grotius: De Ivre Belli Ac Pacis Libri Tres. In quibus jus naturæ & Gentium: item juris publici præcipua explicantur, Amsterdam: Willem Blaeu, 1631 (Bibliothek der Franckeschen Stiftungen: Sign.: 167 B 19)

Hugo Grotius: De Ivre Belli Ac Pacis Libri Tres. In quibus jus naturæ & Gentium: item juris publici præcipua explicantur, Amsterdam: Willem Blaeu, 1631 (ULB Halle: Sign.: Kt 198, 4°)

Hugo Grotius: De ivre belli ac pacis libri tres. In quibus jus Naturæ, Gentium, item juris publici præcipua explicantur. Amsterdam: Willem Blaeu, 1632 (ULB Halle: Sign.: Kt 198 a)

Hugo Grotius: De ivre belli ac pacis libri tres, In quibus jus Naturæ & Gentium, item juris publici præcipua explicantur. Editio Nova cum Annotatis Auctoris, Amsterdam: Johannes Blaeu und Cornelis Blaeu, 1642 (Bibliothek der Franckeschen Stiftungen: Sign.: 149 I 1)

Hugo Grotius: De ivre belli ac pacis libri tres, In quibus jus Naturæ & Gentium, item juris publici præcipua explicantur. Editio Nova cum Annotatis Auctoris, Amsterdam: Johannes Blaeu, 1650 (ULB Halle: Sign.: Kt 198 a/5)

Hugo Grotius: De ivre belli ac pacis libri tres, In quibus jus Naturæ & Gentium, item juris publici præcipua explicantur. Editio Nova cum Annotatis Auctoris, Amsterdam: Johannes Janssonius, 1651 (ULB Halle: Sign.: AB 40 18/h, 8)

Hugo Grotius: De ivre belli ac pacis libri tres, In quibus jus Naturæ & Gentium, item juris publici præcipua explicantur. Editio Nova cum Annotatis Auctoris, Amsterdam: Johannes Blaeu, 1667 (ULB Halle: Sign.: Kt 198 b)

Hugo Grotius: De ivre belli ac pacis libri tres, In quibus jus Naturæ & Gentium, item juris publici præcipua explicantur. Editio Nova cum Annotatis Auctoris, Amsterdam: Johannes Blaeu, 1667 (ULB Halle: Sign.: Pon IIk 5070)

Hugo Grotius: De ivre belli ac pacis libri tres, In quibus jus Naturæ & Gentium, item juris publici præcipua explicantur. Editio Nova cum Annotatis Auctoris, Amsterdam: Johannes Blaeu, 1670 (Bibliothek der Franckeschen Stiftungen: Sign.: 167 L 1)

Hugo Grotius: De ivre belli ac pacis libri tres, In quibus jus Naturæ & Gentium, item juris publici præcipua explicantur. Editio Nova cum Annotatis Auctoris, Amsterdam: Johannes Blaeu, 1670 (ULB Halle: Sign.: AB 38 17/k, 1)

Hugo Grotius: De jure belli ac pacis Libri Tres in qvibus jus naturæ & gentium, Di-

rigenti Johannes Georgius Simone, Jena: Johann Theodor Fleischer und Samuel Adolph Müller, 1673 (Marienbibliothek Halle: Sign.: Oelh 342 Q)

Hugo Grotius: De jure belli ac pacis libri tres, quem Nicolaus Blancardus Belga Leidensis è codice Autoris descripsit & vulgavit. Nec non Joann. Frid. Gronovii V. C. Notæ in totum opus de Jure Belli ac Pacis, Amsterdam: Johannes Janssonius van Waesberge, 1680 (Bibliothek der Franckeschen Stiftungen: Sign.: 168 K 11)

Hugo Grotius: De jure belli ac pacis libri tres, quem Nicolaus Blancardus Belga Leidensis è codice Autoris descripsit & vulgavit. Nec non Joann. Frid. Gronovii V. C. Notæ in totum opus de Jure Belli ac Pacis, Amsterdam: Johannes Janssonius van Waesberge, 1680 (ULB Halle: Sign.: Kt 198 a/10)

Hugo Grotius: De Jure Belli Ac Pacis Libri Tres, quem Nicolaus Blancardus Belga Leidensis è codice Autoris descripsit & vulgavit. Nec non Joann. Frid. Gronovii V. C. Notæ in totum opus de Jure Belli ac Pacis, Den Haag: Arnold Leers, 1680 (Bibliothek der Franckeschen Stiftungen: Sign.: 142 C 12)

Hugo Grotius: De Jure Belli Ac Pacis Libri Tres, quem Nicolaus Blancardus Belga Leidensis è codice Autoris descripsit & vulgavit. Nec non Joann. Frid. Gronovii V. C. Notæ in totum opus de Jure Belli ac Pacis, Den Haag: Arnold Leers, 1680 (ULB Halle: Sign.: AB 44 18/h, 9)

Hugo Grotius: De Iure Belli ac Pacis Libri Tres, Dirigenti Johannes Georgius Simone, Jena: Johann Theodor Fleischer und Christoph Fleischer, 1680 (Bibliothek der Franckeschen Stiftungen: Sign.: 141 D 3)

Hugo Grotius: De Jure Belli ac Pacis Libri Tres, quem Nicolaus Blancardus Belga-Leidensis, è codice Auctoris descripsit & vulgavit. Nec non Joann. Frid. Gronovii V. C. Notæ in totum opus de Jure Belli ac Pacis, Amsterdam: Abraham van Someren, 1689 (ULB Halle – von Alvenslebensche Bibliothek, Hundisburg: Sign.: Alv. Bd 636)

Hugo Grotius: De Jure Belli ac Pacis Libri Tres: in quibus Jus Naturæ Et Gentium, Accesserunt Excerpta Annotationum Variorum Virorum Insignium in totum Opus, edente Joh. Christoph. Becmano, Frankfurt an der Oder: Jeremias Schrey, 1691 (Bibliothek der Franckeschen Stiftungen: Sign.: 135 D 2)

Hugo Grotius: De Jure Belli ac Pacis Libri Tres: in quibus Jus Naturæ Et Gentium, Accesserunt Excerpta Annotationum Variorum Virorum Insignium in totum Opus, edente Joh. Christoph. Becmano, Frankfurt an der Oder: Jeremias Schrey, 1691 (Marienbibliothek Halle: Sign.: Zsch B I.1 Q)

Hugo Grotius: De Jure Belli Et Pacis Libri Tres, cum annotatis Ipsius Autoris, & clarissimi Gronovii; tum noviter accuratis commentariis perpetuis Joh. Tesmari. Ad calcem operis accessere Ulrici Obrechti, Observationes ad eosdem Libros, Frankfurt am Main: Johann David Zunner und Johann Bauer, 1696 (ULB Halle: Sign.: AB 176781)

Hugo Grotius: De Jure Belli ac Pacis, Ex accuratissima recensione & cum animadversionibus. Viri desideratissimi Gothofredi Spinæi. In Academia Lugd. Batava, (dum viveret) Professoris ordinarii, Leiden: Johannes du Vivié, 1696 (Bibliothek der Franckeschen Stiftungen: Sign.: 135 E 17)

Hugo Grotius: De Jure Belli ac Pacis Libri Tres, cum commentariis Gulielmi vander Muelen, Accedunt Et Authoris Annotata, ex postrema ejus ante obitum cura nec non Joann. Frid. Gronovii. V. C. in totum opus. Tome I, Utrecht: Water, 1696 (ULB Halle: Sign.: AB 175522)

Hugo Grotius: De Jure Belli ac Pacis Libri Tres, Accesserunt Excerpta Annotationum variorum Virorum Insignium in totum Opus, edente Joh. Christoph. Becmano. Editio secunda correctior, Frankfurt an der Oder: Schrey & Hartmann, 1699 (ULB Halle: Sign.: Kt 199 f)

Hugo Grotius: De Jure Belli ac Pacis Libri Tres, cum commentariis Gulielmi vander Muelen, Accedunt Et Authoris Annotata, ex postrema ejus ante obitum cura nec non Joann. Frid. Gronovii. V. C. in totum opus. Tome II, Utrecht: Water, 1700 (Bibliothek der Franckeschen Stiftungen: Sign.: 145 B 9 [1])

Hugo Grotius: De Jure Belli ac Pacis Libri Tres, cum commentariis Gulielmi vander Muelen, Accedunt Et Authoris Annotata, ex postrema ejus ante obitum cura nec non Joann. Frid. Gronovii. V. C. in totum opus. Tome II, Utrecht: Water, 1700 (ULB Halle: Sign.: AB WW 404 [2])

Hugo Grotius: De Jure Belli Ac Pacis Libri Tres, quem Nicolaus Blancardus Belga-Leidensis, è *codice Auctoris descripsit & vulgavit. Nec non Joann. Frid. Gronovii V. C. Notæ in totum opus de Jure Belli ac Pacis, Amsterdam: Johannes Janssonius van Waesberge, 1701* (ULB Halle: Sign.: 16 WA 260)

Hugo Grotius: De Jure Belli Ac Pacis Libri Tres, quem Nicolaus Blancardus Belga-Leidensis, è *codice Auctoris descripsit & vulgavit. Nec non Joann. Frid. Gronovii V. C. Notæ in totum opus de Jure Belli ac Pacis, Amsterdam: Johannes Janssonius van Waesberge, 1701* (ULB Halle: Sign.: AB 38 9/h, 3)

Hugo Grotius: De Jure Belli ac Pacis Libri Tres, cum commentariis Gulielmi vander Muelen, Accedunt Et Authoris Annotata, ex postrema ejus ante obitum cura nec non Joann. Frid. Gronovii. V. C. in totum opus. Tome III, Utrecht: Water, 1703 (ULB Halle: Sign.: AB WW 404 [3])

Hugo Grotius: De Jure Belli ac Pacis Libri Tres, In quibus Jus Naturae & Gentium, item Juris Publici praecipua explicantur; Cum Commentariis Gulielmi vander Muelen, Accedunt Et Auctoris Annotata, ex postrema ejus ante obitum cura; & Joann. Frid. Gronovii. V. C. in totum opus. Tome I-III, Amsterdam: Janssonius van Waesberge & Wetstein, 1704 (Bibliothek der Franckeschen Stiftungen: Sign.: 145 B 9; 145 B 9 [2])

Hugo Grotius: De Jure Belli ac Pacis Libri Tres, In quibus Jus Naturae & Gentium, item Juris Publici praecipua explicantur; Cum Commentariis Gulielmi vander Muelen, Accedunt Et Auctoris Annotata, ex postrema ejus ante obitum cura; & Joann. Frid. Gronovii. V. C. in totum opus. Tome II-III, Amsterdam: Janssonius van Waesberge & Wetstein, 1704 (ULB Halle: Sign.: AB WW 332 [2]; AB WW 332 [3])

Hugo Grotius: De Jure Belli ac Pacis Libri Tres, In quibus Jus Naturae & Gentium, item Juris Publici praecipua explicantur; Cum Commentariis Gulielmi vander Muelen, Accedunt Et Auctoris Annotata, ex postrema ejus ante obitum cura; & Joann. Frid. Gronovii. V. C. in totum opus. Tome I-III, Amsterdam: Janssonius van Waesberge & Wetstein, 1704 (ULB Halle – Kultur-Gut Ermlitz GmbH: Sign.: AB 175469 [1/3] / [2/3] / [3/3])

Hugo Grotius: De Jure Belli Ac Pacis Libri Tres, In quibus Jus Naturæ & Gentium, Nec non Joann. Frid. Gronovii V. C. Notis in totum opus, Notulas denique addidit Joannes Barbeyrac , Amsterdam: Johannes Janssonius van Waesberge, 1720 (ULB Halle: Sign.: AB 52 4/h, 11)

Hugo Grotius: De Jure Belli Ac Pacis Libri Tres, In quibus Jus Naturæ & Gentium, Nec non Joann. Frid. Gronovii V. C. Notis in totum opus, Notulas denique addidit Joannes Barbeyrac, Amsterdam: Johannes Janssonius van Waesberge, 1720 (ULB Halle: Sign.: 13 WA 1193)

Hugo Grotius: De Jure Belli Ac Pacis Libri Tres : In Quibus Jus Naturae Et Gentium, Item Juris Publici Praecipua Explicantur. Editio Nova Cum Annotatis Auctoris Ex Postrema Ejus Ante Obitum Cura, Et Praefatione Christiani Wolfii, Marburg: Phil. Casimir. Müller, 1734 (ULB Halle: Sign.: AB 38782)

Hugo Grotius: De Jure Belli Ac Pacis Libri Tres : In Quibus Jus Naturae Et Gentium, Item Juris Publici Praecipua Explicantur. Editio Nova Cum Annotatis Auctoris Ex Postrema Ejus Ante Obitum Cura, Et Praefatione Christiani Wolfii, Marburg: Phil. Casimir. Müller, 1734 (ULB Halle: Sign.: Ung IV B 37)

Hugo Grotius: Samuelis L. B. de Cocceii, Summi Regni Borussici cancellarii, Introductio Ad Henrici L. B. De Cocceii Grotium Illustratum; Continens Dissertationes Prooemiales XII. Hugonis Grotii de jure belli ac pacis libri tres, nec non J. F. Gronovii Notis, & J. Barbeyracii Animadversionibus. Tomus Primus, Tomus Secundus, Tomus Tertius, Tomus Quartus, Tomus Quintus, Lausanne: Marc-Michel Bousquet, 1751–52 (ULB Halle: Sign.: Kt 200, 4° [1] / [2] / [3] / [4] / [5])

Hugo Grotius: Henrici Liberi Baronis De Cocceji Sacræ Regiæ Majestati Borussicæ Quondam A Consiliis Secretioribus Grotius Illustratus Seu Commentarii Ad Hugonis Grotii De Jure Belli Et Pacis Libros Tres, Hrsg.: Samuel von Cocceji. Tomus IV., Breslau: Johann Jacob Korn, 1752 (ULB Halle: Sign.: Kt 199 z [4])

Hugo Grotius: De Jure Belli Ac Pacis Libri Tres, nec non Jo. Fr. Gronovii V. C. notis In totum opus. Ex altera recensione Joannis Barbeyracii. Tome I-II, Leipzig: Johann Paul Krauß, 1758 (Bibliothek der Franckeschen Stiftungen: Sign.: S/ THOL:IV 192:1 / 192:2)

Hugo Grotius: De Jure Belli Ac Pacis Libri Tres, nec non Jo. Fr. Gronovii V. C. notis In totum opus. Ex altera recensione Joannis Barbeyracii. Tome I-II, Leipzig: Johann Paul Krauß, 1758 (ULB Halle: Sign.: 75 A 6599 [1/2])

Hugo Grotius: De Jure Belli Ac Pacis Libri Tres, nec non Jo. Fr. Gronovii V. C. notis In totum opus. Ex altera recensione Joannis Barbeyracii. Tome I-II, Leipzig: Johann Paul Krauß, 1758 (ULB Halle: Sign.: AB W 1147 [1/2])

Hugo Grotius: De Ivre Belli ac Pacis Libri Tres, Cum adnotationibus selectis Ioann. Frid. Gronovii, & auctoribus Ioannis Barbeyracii. Edidit atque præfatus est Meinardvs Tydeman. Tomus I, Schoonhoven: Johann van Schoonhoven, 1773 (ULB Halle: Sign.: AB W 1747 [1])

Französisch

Hugo Grotius: Le Droit De La Guerre Et De La Paix, Par M. Grotivs, Traduit du latin en françois, par De Courtin, Tome second, Paris: Seneuze & Lambin, 1687 (ULB Halle: Sign.: AB Ww 1505 [2])

Hugo Grotius: Le Droit De La Guerre Et De La Paix, Par M. Grotius, Traduit du Latin en François, Tome premier, second & troisiéme (I–III), Amsterdam & Den Haag: Amsterdam: Wolfgang; Den Haag: Moetjens, 1688 (ULB Halle: Sign.: AB W 807 [1] / [2] / [3])

Hugo Grotius: Le Droit De La Guerre Et De La Paix, Par M. Grotius. Traduit du Latin en François, par De Courtin. Tome I–III, Den Haag: Adrian Moetjens, 1703 (ULB Halle: Sign.: Pon IIk 5071 [1] / [2] / [3])

Hugo Grotius: Le Droit De La Guerre, Et De La Paix. Par Hugues Grotius. Nouvelle traduction et notes en français, Par Jean Barbeyrac. Tome premier & second (I–II), Amsterdam: Pierre de Coup, 1724 (ULB Halle: Sign.: AB B 11777 [1/2])

Hugo Grotius: Le Droit De La Guerre, Et De La Paix. Par Hugues Grotius. Nouvelle traduction et notes en français, Par Jean Barbeyrac. Tome premier, Basel: Emanuel Thurneysen, 1746 (ULB Halle: Sign.: Kt 201, 4° [1])

Hugo Grotius: Le Droit De La Guerre, Et De La Paix. Par Hugues Grotius. Nouvelle traduction et notes en français, Par Jean Barbeyrac. Tome second, Basel: Emanuel Thurneysen, 1746 (ULB Halle: Sign.: Kt 201, 4° [2])

Hugo Grotius: Le Droit De La Guerre Et De La Paix par Hughes Grotius, Nouvelle

traduction et notes en français, Par Jean Barbeyrac. Tome I, Basel: Emanuel Thurneysen, 1768 (ULB Halle: Sign.: AB Ww 352 [1])
Hugo Grotius: Le Droit De La Guerre Et De La Paix par Hughes Grotius, Nouvelle traduction et notes en français, Par Jean Barbeyrac. Tome II, Basel: Emanuel Thurneysen, 1768 (ULB Halle: Sign.: AB 55384 [2])

Deutsch

Hugo Grotius: Drey Bücher vom Rechte des Krieges und des Friedens, Aus dem Lateinischen ins Deutsche übersetzet *durch P. B. S. g. Schütz, Nebst einer Vorrede Herrn Christian Thomasii, Leipzig: Friedrich Groschuff, 1707* (Marienbibliothek Halle: Sign.: Kem 683)
Hugo Grotius: Drey Bücher vom Rechte des Krieges und des Friedens, Aus dem Lateinischen ins Deutsche übersetzet *durch P. B. S. g. Schütz, Nebst einer Vorrede Herrn Christian Thomasii, Leipzig: Friedrich Groschuff, 1707* (ULB Halle: Sign.: AB 33 23/k, 13)
Hugo Grotius: Drey Bücher vom Rechte des Krieges und des Friedens, Aus dem Lateinischen ins Deutsche übersetzet *durch P. B. S. g. Schütz, Nebst einer Vorrede Herrn Christian Thomasii, Leipzig: Friedrich Groschuff, 1707* (ULB Halle: Sign.: Kt 201 o)
Hugo Grotius: Drey Bücher Von Kriegs- Und Friedens-Rechten: Mit dem Kern der Erklärungen und Anmerckungen aller Gelahrten Männer; Samt beygefügter General-Tabell des Autoris, Herrn Matthias von Björenklaw Special-Tabellen, einigen von Johann Philipp Müllers Tabellen, und Hugonis Grotii Büchlein Von der Billigkeit, Indulgentz, auch Gelind- oder Mildigkeit, mit einem vollkommenen Register, Frankfurt am Main: Fischer & Bauer, 1709 (ULB Halle: Sign.: AB 176314)
Hugo Grotius: Des Hugo Grotius Ursachen vom Rechte des Krieges und des Friedens: Von den größten Rechts-Lehrern mit Anmerkungen begleitet, Nürnberg, 1757 (ULB Halle: Sign.: AB 36 18/i, 35)

Personenregister